AF609614

PÁDEL

LA TOMA DE DECISIÓN EN LA VOLEA

Concepto y 100 tareas para su entrenamiento

Grupo IAFIDES

Título: PÁDEL. LA TOMA DE DECISIÓN EN LA VOLEA. CONCEPTO Y 100 TAREAS PARA SU ENTRENAMIENTO (VERSIÓN EDICIÓN COLOR)
Autor: GRUPO IAFIDES
Corrección del texto: MANUELA CASTILLO SOLER

Editorial: WANCEULEN EDITORIAL
Sello Editorial: WANCEULEN EDITORIAL DEPORTIVA

ISBN (Papel blanco y negro): 978-84-18831-30-0
ISBN (Papel color): 978-84-18831-31-7
ISBN (Ebook): 978-84-18831-32-4

DEPÓSITO LEGAL: SE 934-2021

Impreso en España.

WANCEULEN S.L.
C/ Cristo del Desamparo y Abandono, 56 - 41006 Sevilla
Dirección web: www.wanceuleneditorial.com y www.wanceulen.com
Email: info@wanceuleneditorial.com

ÍNDICE

INTRODUCCIÓN

La volea es el golpe que se realiza en el aire a la bola antes de que bote. Se considera un golpeo ofensivo, pero también se puede realizar para defendernos cuando el rival golpea la bola con mucha fuerza hacia nuestro cuerpo, por ejemplo.

Hay autores que lo colocan en el medio de la pista y otros próximo a la red.

Es muy importante para su ejecución el armado previo al golpeo y llevar la pala en posición alta, con su extremo apuntando hacia arriba y las caras hacia las paredes laterales.

En el armado es aconsejable tener las piernas flexionadas y la pala por delante del cuerpo y a la altura del pecho. Cuando nos preparamos para el golpeo se giran los hombros echando la pala un poco hacia atrás y arriba y se vuelca el peso del cuerpo sobre la bola (cuando se golpea) para imprimirle mayor velocidad. Es importante que la bola impacte con el centro de la pala y que la acompañemos durante el golpeo para ajustar la dirección.

Existen diferentes tipos de voleas, pero todos ellos tienen factores comunes en su ejecución como por ejemplo que el impacto debe hacerse con la cara de la pala abierta a la altura del pecho y los brazos y las piernas semiflexionados.

Dependiendo del tipo de volea, existen diferentes preparaciones y armados.

Los golpeos de volea se pueden clasificar según:

- La dirección que se le imprima a la bola:
    - Paralela.
    - Cruzada.
    - A la verja.
    - Al fondo.

  - Dejada/ corta.
- La altura a la que impacte la pala con la bola:
  - Normal.
  - Alta.
  - Baja.
- La posición del cuerpo y de la cara de la pala:
  - De derecha.
  - De revés.
- El tipo de efecto que se le imprima a la bola:
  - Liftada.
  - Plana.
  - Cortada.

Es igual de válido un golpeo de volea cortada que plana, golpear de volea desde el fondo de la pista que más cerca de la red... siempre y cuando, después del golpeo, la bola llegue en las peores condiciones para el rival (en desventaja) y pase a la otra mitad de la pista. Puede no ser igual de estético según los patrones motrices del golpeo para esa situación determinada, la mejor solución "de libro" o como receta, pero si el jugador puede ejecutarlo con destreza y consigue su objetivo de manera habitual... ¿por qué no?

El profesor Julio Garganta habla del talento como algo que no se descubre, se alcanza. El talento hay que potenciarlo y ponerlo en valor. "El talento no se encuentra como con un detector de metales, que pita cuando lo tienes delante" (Julio Garganta).

El proceso de la toma de decisión en general consiste en:

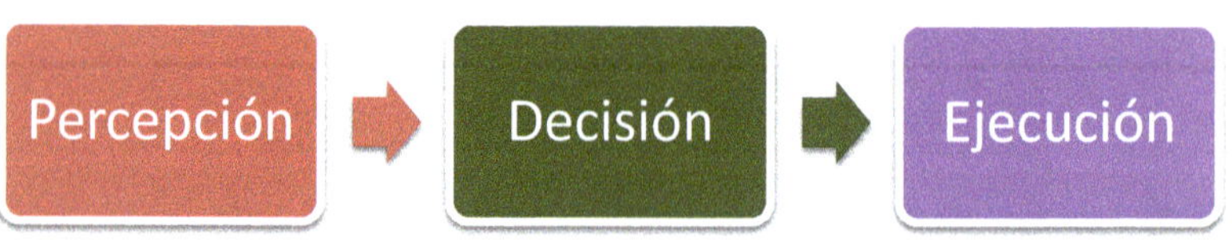

Pero en deportes como el pádel, en el que se resuelven muchas acciones, la realidad es cambiante y el jugador está sometido a estrés competitivo en su desarrollo y aprendizaje (aparecen la testosterona y el cortisol) y el mecanismo de nuestro cerebro tiene que responder a las distintas situaciones sin posibilidad de pensar cuál es la mejor solución. La experiencia y el control de las emociones hará que el mecanismo sea:

Entenderemos por estímulo la percepción de lo que está sucediendo, usando los sentidos para decidir con mayor pericia, pero sin la posibilidad de reflexionar para dar una respuesta.

El foco de atención hay que ponerlo en lo importante y ser selectivo, esa capacidad es importante para el desarrollo de los jugadores.

Para desarrollar la neuroplasticidad se necesita de distintos tipos de memoria:

- Memoria declarativa: capacidad de recordar eventos, números, estímulos sensoriales y relatorios.
- Memoria de procedimiento: capacidad de ejecutar acciones motoras complejas aprendidas con anterioridad.

Los jugadores tienen que buscar desarrollar una inteligencia resolutiva durante sus entrenamientos.

En cualquier ámbito de la vida, cuando se falla en una situación, se repite una y otra vez hasta que salga bien, mejorando la ejecución o algún aspecto que creamos haber fallado para alcanzar la excelencia de lo planteado. Ahora bien, en un partido de pádel las situaciones no se repiten en el tiempo. En cada partido nos enfrentamos a un rival distinto, con unas características distintas, con unas habilidades distintas, nuestro estado no es el mismo y el resultado tampoco, por ejemplo. Un jugador de pádel está constantemente tomando decisiones ante distintos escenarios: el rival mas cerca o mas lejos, la bola mas alta o mas baja, mas fuerte o más débil... Hasta la ejecución de un saque, que puede ser la más aislada o repetitiva en el tiempo durante los partidos, es una acción que cambia según el rival que tenga enfrente, el resultado del partido, el minuto de partido, si es el primero que ejecuta o ya ha ejecutado otros durante el mismo, si el rival los ha contrarrestado o no... No existen dos saques iguales. La clave del aprendizaje es que puedo aprender de los errores que cometa, para no volver a cometerlos y, cuando me encuentre con una situación "igual", el conocimiento y la habilidad que tenga para descartar los estímulos que no tengan trascendencia y para identificar los que puedan influir hará que consiga el resultado pretendido.

Entonces... ¿cómo entrenamos a los jugadores? Si haga lo que haga nunca voy a poder simular lo que va a pasar en el partido...

Cualquier acción requiere una interpretación de lo que está sucediendo, pero no puede ser reflexiva. No existe tiempo para valorar. Si el jugador se para a reflexionar y a valorar perderá cualquier tipo de ventaja que pueda tener ante una situación. Los entrenadores tenemos que darles herramientas para que su ejecución sea eficaz y para que el jugador sea eficiente. Digo eficaz, porque los puntos valen de igual manera de revés que de volea. Y tiene que ser eficaz técnicamente (buena ejecución) y eficiente tácticamente (conseguir el objetivo pretendido).

El jugador tiene que estar en condiciones óptimas para competir y poder rendir durante los partidos. Si un jugador falla un golpeo en un partido no sólo tiene que ser porque sea malo técnicamente o porque no lo haya ejecutado bien; puede ser porque se puso nervioso ante la presión del resultado y se precipitó, porque no usó el tipo de golpeo adecuado para mandar la bola dónde quería, porque el rival se adelantó a su golpeo para anticiparse a la bola, porque eligió mal la parte de la pala con la que realizar el golpeo...

¿Cómo corregimos esto?

Parar a los dos jugadores en una simulación de la acción en la que se le explique al jugador en cuestión cómo o dónde tenía que haber ejecutado el golpeo se considera una pérdida de tiempo y de energías que no producirá ninguna mejora en el jugador ni en su juego. Hay que darle un feedback rápido y conciso y seguir con lo siguiente.

Igualmente, después de esto, poner a un jugador enfrente de otro (vis a vis) y hacer un alto número de repeticiones de golpeos para la corrección de lo sucedido para buscar una mejora del juego sigue siendo poco útil. Las situaciones rutinarias se olvidan.

Se aprende a golpear equivocándonos en el golpeo, y golpeando una y otra vez en distintas situaciones, lo importante no es que el golpeo esté bien ejecutado en cuanto a unos patrones de ejecución del gesto técnico (que es lo que queríamos), lo importante es que, cuando lo falle, recupere pronto la iniciativa para poder tener otra posibilidad de golpear la bola y conseguir que llegue al campo rival en condiciones que el contrario no pueda devolverla y, si lo hace, lo haga en condiciones ventajosas para poder devolverla de nuevo con ventaja, por ejemplo.

Entonces, tenemos que preparar al jugador para que sea capaz de resolver todas las acciones del juego, porque a lo mejor lo que estuvo mal ("con el periódico del lunes") no es el golpeo, sino que debió elegir otra zona para enviar la bola, dejarla pasar para que el rival se desplazara y golpear cuando se moviera a otro lugar, creyó que el rival se iba a mover y no se movió, debió imprimir mayor fuerza al golpeo ... con lo cual, tenemos que preparar a los jugadores para que sean capaces de resolver las situaciones del partido.

La tendencia para corregir un error es aislarlo y trabajarlo de manera aislada para la mejora del rendimiento, pero la experiencia y el entendimiento del juego como una realidad cambiante hace pensar que nos acerca más al error porque no produce una mejora en el juego, produce una mejora de una acción aislada, en un golpeo determinado que nunca más se volverá a repetir durante la vida deportiva del jugador en las mismas condiciones.

En etapas de formación nos gusta enseñarles a los jóvenes jugadores cómo es el golpeo para la ejecución del saque y hacer esa demostración *"que saca a relucir esa calidad técnica que tenemos todos los entrenadores, muy superior a la de nuestros jóvenes aprendices"*.

El jugador bueno que todos queremos es el que sabe cuándo tiene que hacer un tipo de golpeo u otro, el que golpea "bien" la bola, el que envía la bola donde no se la puedan devolver, el que interpreta la acción del contrario, el que se anticipa a su juego..., en definitiva, el que toma bien las decisiones sobre la pista.

Cuando entrenamos o preparamos a nuestros jugadores tenemos que diseñar nuestras sesiones de entrenamiento. Hoy en día se hacen multitud de tareas intentando "perturbar" la decisión para condicionar al jugador en su toma de decisión: cambiándole el color en el último momento que le indica dónde tiene que tirar, decir un número y tiene que desplazarse hacia un lugar antes de golpear... Y yo me pregunto por qué en un "juego" como el pádel, en el que se toman tantas decisiones, que queremos que el jugador domine y sepa interpretar en cada momento, los estímulos que utilizamos para que el jugador ejecute no tienen nada que ver con el juego.

Durante el juego se coordinan diferentes procesos cognitivos de manera simultanea con la visión periférica.

La visión periférica es importante, pero saber poner el foco en lo relevante es clave para la correcta toma de decisión. Existe un gran número de trabajos aplicados desde el área física en su mayor parte que utilizan estas teorías y estos artículos científicos sobre el aprendizaje en los entrenamientos, pero muy alejados del juego.

En todas las facetas del pádel se intentan copiar cosas de otros deportes que a lo mejor están más avanzados o tienen un mayor grado de estudio y demuestran transferencia. Las situaciones no se repiten nunca en el juego, no hay dos golpeos iguales en un partido, no hay dos rivales iguales, no hay dos remates iguales en un partido... Entonces, si estamos de acuerdo en esto, ¿no sería mejor preparar a nuestro jugador para que sepa reaccionar mejor ante las situaciones que se dan en el juego y ante estímulos que tengan que ver con este y no con colores, números, palmadas, pitido del silbato...? Existen muchas dudas de que en un entrenamiento el hecho de que un jugador "vea el rojo y golpee la bola a la zona donde está el color rojo" tenga algo que ver con el juego, con su preparación y con su mejora como jugador. Mejorará capacidades del individuo, pero no entiendo que mejore como jugador de pádel. Es como si pensáramos que a un atleta de 50 metros lisos le va a producir una mejora de su rendimiento en la competición salir hacia el lugar rojo después de ver ese color.

Con esto no quiero decir que no se hagan juegos de activación, que no se hagan este tipo de tareas que nos pueden servir para entretener a los jugadores o como dinámicas, sólo expreso que, si queremos entrenar pádel y sacar mayor rendimiento a los entrenamientos, los que no tenemos muchas horas para poder entrenar a nuestros jugadores tenemos que intentar que nuestras tareas tengan la mayor transferencia al juego posible.

Se podría argumentar que estos estímulos intentan "molestar" al jugador para entrenar la capacidad de enfocarse en lo que está haciendo. Estímulos que nunca se va a encontrar en un partido.

Siempre será mejor trabajar que nuestro jugador envíe la bola a una zona, cuando haya un movimiento del contrario hacia otra, cuando vea que se desplaza, obligarlo a que devuelva la bola... y conseguiremos mayor transferencia al juego, según el jugador que entrenemos, la edad, nivel de desarrollo del jugador y sus capacidades y cualidades.

¿Y si lo ponemos a golpear la bola ante un rival que se mueve? Unos lo conseguirán y otros no. El jugador tendrá que identificar el estímulo al que tiene que reaccionar (lugar al que va el contrario) y enviarle la bola con desventaja para recibir descartando todos los demás estímulos (amagues). Y si además el jugador golpea después de un golpeo del entrenador o del rival, si falla tendrá que devolver la bola que le envíe el contrario... podremos aumentar la carga cognitiva de lo que estamos entrenando utilizando elementos del juego. Estímulos ante los que tendrá que reaccionar y dar una respuesta o descartar durante el juego.

De esta manera conseguiríamos contextualizar las acciones, hasta el punto que lo consideremos necesario y atendiendo al nivel de los jugadores a los que vayamos a exponer las tareas. Controlando y adaptando las cargas cognitivas.

La teoría de la carga cognitiva explica que el aprendizaje de una tarea demanda el reclutamiento de recursos neuronales, tales como la atención y la memoria de trabajo. Si la tarea consume un nivel excesivo de estos recursos la información no se procesará en su totalidad, lo que generará una disminución del aprendizaje (Pass, Van Gog y Sweller, 2010; Shuggi, Oh, Shewokis y Gentili, 2017).

Hay que intentar como entrenadores que el entrenamiento sea un medio facilitador del aprendizaje.

Nuestro objetivo como entrenadores es ayudar a nuestros jugadores en su proceso de aprendizaje bien sea en formación, iniciando o en alto rendimiento, compitiendo. En pádel, por mucho que intentemos que la competición sea lo más sana y educativa posible en su iniciación, en un partido compites con un rival para ganarle, porque es inherente al juego mismo. Los estímulos y las respuestas tienen que estar encaminados al aprendizaje del jugador y tienen que tener estrecha relación con lo que puede pasar en un partido para que el aprendizaje sea significativo, bien sea una situación en la que la respuesta siempre sea la misma (por ejemplo, golpear de revé) y que la decisión sea cómo golpear (largo o corto) o bien una situación en la que haya muchas respuestas (distintas posibilidades de golpeo) y muchas posibles decisiones dentro de esa respuesta (puede haber infinitas en la ejecución).

Para ello, la complejidad de la tarea irá estrechamente relacionada con la capacidad de aprendizaje y el desarrollo de las capacidades del jugador.

Las tareas más analíticas en el aprendizaje, para las mejoras de los gestos técnicos como tales, deben llevar una toma de decisión para su eficiencia, ya que enseñar los gestos técnicos disociados de todas las variables del juego, preparan al jugador para tener destreza en un golpeo determinado, a una distancia determinada, aplicando la misma fuerza y sin ninguna toma de decisión y los jugadores están constantemente tomando decisiones en un partido por la realidad cambiante del juego. Por ejemplo, dos jugadores uno enfrente de otro golpeando la bola a la misma distancia, es una tarea o ejercicio que sólo le producirá al jugador una mejora del golpeo a esa distancia precisa y el aprendizaje carecerá de mejora cognitiva alguna. Mientras que ese golpeo, si el rival está variando la distancia, variando la velocidad a la que se mueve, devolviéndole la bola a distintas alturas, cambiando de espacios... o cualquier otra variable que haga que la repuesta sea siempre la misma (que consistirá en golpear), la decisión de la ejecución será distinta y el proceso de aprendizaje llevará una carga cognitiva mayor y esto repercute directamente en la mejora del jugador en cuanto a las respuestas en el juego.

Existen multitud de reglas de provocación para que las tareas y los entrenamientos tengan el resultado requerido o que en el entrenamiento pase lo que nosotros queramos que pase y podamos encontrar ese matrimonio tan ansiado entre objetivo y contenido.

Los condicionantes espaciotemporales, humanos y reglados de las tareas tendrán estrecha relación con el juego, no puede ser un condicionante para el jugador una cuerda para marcar la altura del golpeo, el condicionante debe tener relación con el juego, por ejemplo, poner un rival cerca de la red.

Lo que buscamos es que el proceso o mecanismo de decisión que desarrollen les haga capaces de decidir bien en tiempo y forma con respecto a la situación que tengan que resolver y el rival al que se enfrentan en base a su percepción, conocimiento y experiencia.

Consiste en aplicar las teorías del aprendizaje y de como aprende el jugador a la práctica del entrenamiento para su mejora y su evolución.

No entiendo por qué después de tantas teorías y estudios, sobre todo de especialistas en el área física y de la enseñanza, se siguen promoviendo tareas en las que se les hace llegar al jugador estímulos que nada tienen que ver con el juego y generarle contextos para que resuelva situaciones que alejan al jugador de la realidad competitiva a la que se va a enfrentar... Y si, además, la respuesta es golpear una pelota de otro tamaño, dejar la pala en el suelo, derribar un tubo, tocar la pared o solo tiene una posible decisión/ejecución... ¿dónde está la mejora de la toma de decisión en el proceso de aprendizaje del pádel cuando nada tiene que ver con el juego? Entendiendo la toma de decisión como la respuesta a un estímulo que identifique.

Puedo llegar a entender este tipo de tareas dentro de un intento de usarlas en la iniciación deportiva o con una intención lúdica pero no acabo de compartirlas para la especificidad del pádel.

El Doctor Robin Jackson, profesor de la Brunel University realizó un escáner a un grupo de futbolistas profesionales y los sometió a una prueba denominada: test de oclusión corporal. Llevó a cabo el test para averiguar cómo los jugadores anticipan las acciones de sus adversarios. El sistema de neuronas espejo era el origen de la capacidad de anticipación. La capacidad de adaptación más rápida es entrenable como cualquier otra habilidad o capacidad.

En las tareas que vamos a desarrollar los indicadores y estímulos serán propios del pádel para que haya una mayor transferencia del entrenamiento.

Estas tareas carecen de un contexto y el lector (entrenador) tendrá que condicionarlas en espacios y tiempos para conseguir el resultado requerido atendiendo a otros objetivos (sean secundarios o no) que se quiera alcanzar con la tarea: físicos, tácticos, de estrategia operativa... además de introducirlas en la parte que considere oportuno para llevarlas a cabo.

Hay que tener en cuenta que en el desarrollo del aprendizaje existen distintas etapas (debido a la evolución de los jugadores) y que los entrenadores tendremos que tomar como referencia la capacidad cognitiva de los mismos para poder elegir o adaptar las tareas que vamos a utilizar.

Aunque las tareas tengan un objetivo técnico "no será lo importante". La finalidad de estas es que haya un entrenamiento de nuestro cerebro para que la decisión ante estímulos o adversidades nos de una respuesta efectiva (motriz), regulada por las emociones y que los jugadores sepan enfocarse en lo importante con una lectura o interpretación que los lleve a decidir sin reflexión, sobre la marcha, de manera intuitiva y se produzca un aprendizaje.

SIMBOLOGÍA

Jugadores Equipo A	
Jugadores Equipo B	
Monitor	
Desplazamiento	
Trayectoria bola	
Remate	
Bola	

LA TOMA DE DECISIÓN APLICADA A LA VOLEA EN PÁDEL

100

TAREAS PARA SU ENTRENAMIENTO

Tarea Nº 1	**Objetivo**	Mejora del golpeo de volea
	Jugadores	1+M

Explicación

El jugador realizará golpeos de volea en paralelo hacia el monitor, que irá variando su distancia con respecto a la red.

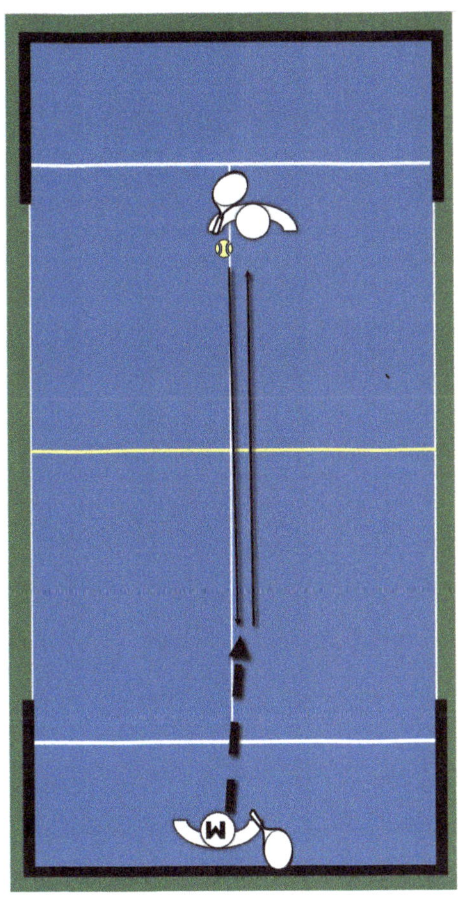

Tarea Nº 2	Objetivo	Mejora del golpeo de volea
	Jugadores	1+M

Explicación

El monitor golpeará en paralelo y el jugador tendrá que ir a golpear de volea y lejos del monitor.

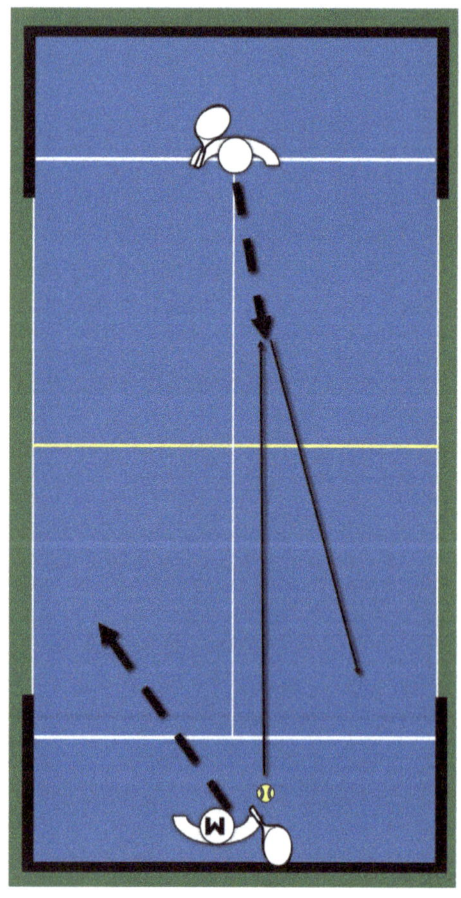

Tarea Nº 3	Objetivo	Mejora del golpeo de volea
	Jugadores	1+M

Explicación

El jugador realizará golpeos de derecha en paralelo hacia el monitor, que irá variando su distancia con respecto a la red y buscará el mejor momento para golpear de volea hacia el monitor

Tarea Nº 4	Objetivo	Mejora del golpeo de volea
	Jugadores	1+M

Explicación

El jugador realizará golpeos de revés en paralelo hacia el monitor, que irá variando su distancia con respecto a la red y buscará el mejor momento para golpear de volea hacia el monitor.

Tarea Nº 5	Objetivo	Mejora del golpeo de volea
	Jugadores	2

Explicación

Los jugadores realizarán golpeos de derecha en paralelo entre ellos y buscarán el mejor momento para golpear de volea y que el otro jugador no pueda devolver la bola.

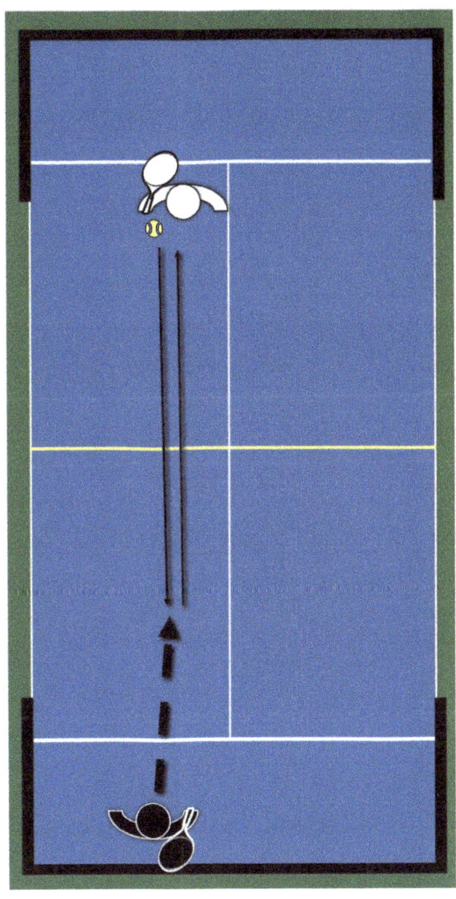

Tarea Nº 6	Objetivo	Mejora del golpeo de volea
	Jugadores	2

Explicación

Los jugadores realizarán golpeos de revés en paralelo entre ellos y buscarán el mejor momento para golpear de volea y que el otro jugador no pueda devolver la bola.

Tarea Nº 7	Objetivo	Mejora del golpeo de volea
	Jugadores	1+M

Explicación

El jugador situado al fondo de la pista. El monitor golpeará hacia el jugador desde distintas ubicaciones y el jugador le devolverá la bola de volea lejos del lugar desde donde le lanzó el monitor.

Tarea Nº 8	Objetivo	Mejora del golpeo de volea
	Jugadores	1+M

Explicación

El jugador situado en la esquina derecha de la pista. El monitor golpeará hacia el jugador desde distintas ubicaciones y el jugador le devolverá la bola de volea lejos del lugar desde donde le lanzó el monitor.

Tarea Nº 9	**Objetivo**	Mejora del golpeo de volea
	Jugadores	1+M

Explicación

El jugador situado en la esquina derecha de la pista. El monitor golpeará hacia el jugador desde distintas ubicaciones y el jugador le devolverá la bola de volea al lugar desde donde le lanzó el monitor.

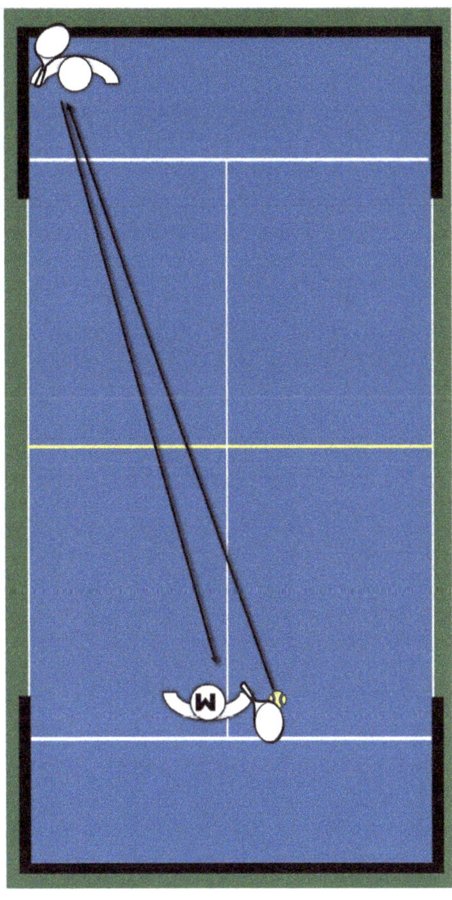

Tarea Nº 10	Objetivo	Mejora del golpeo de volea
	Jugadores	1+M

Explicación

El jugador situado en la esquina izquierda de la pista. El monitor golpeará hacia el jugador desde distintas ubicaciones y el jugador le devolverá la bola de volea lejos del lugar desde donde le lanzó el monitor.

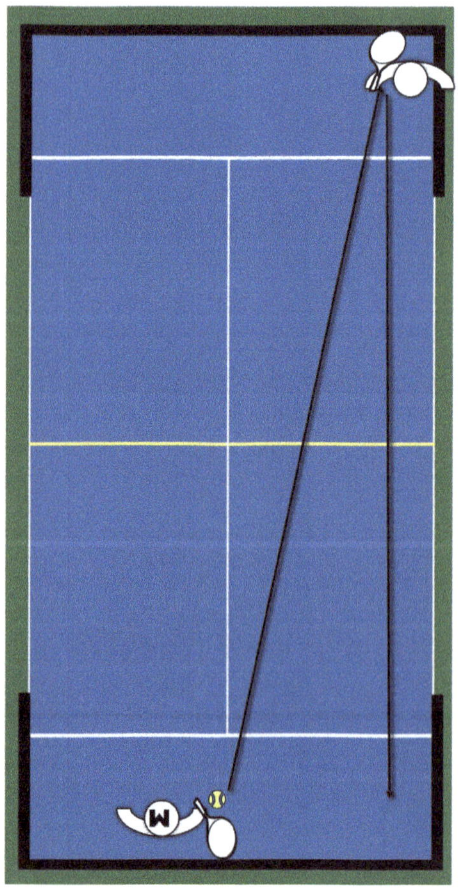

Tarea Nº 11	Objetivo	Mejora del golpeo de volea
	Jugadores	1+M

Explicación

El jugador situado en la esquina izquierda de la pista. El monitor golpeará hacia el jugador desde distintas ubicaciones y el jugador le devolverá la bola de volea al lugar desde donde le lanzó el monitor.

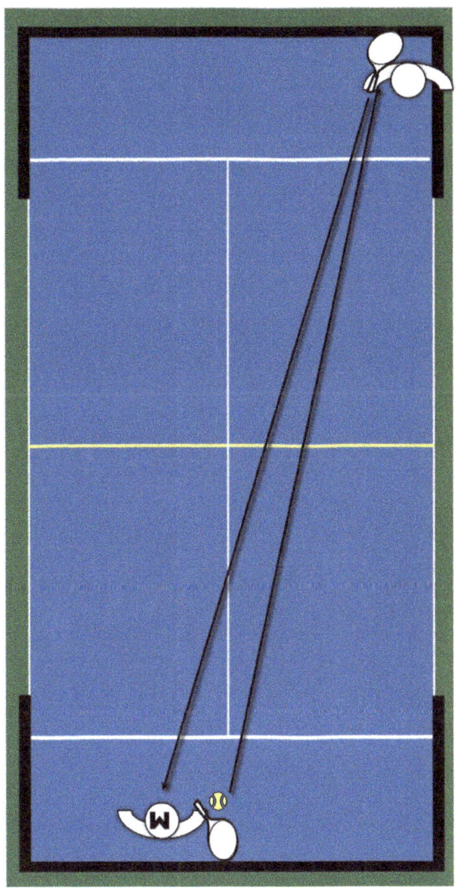

Tarea Nº 12	**Objetivo**	Mejora del golpeo de volea
	Jugadores	1+M

Explicación

El jugador situado en la zona derecha de la pista. El monitor golpeará hacia el jugador desde distintas ubicaciones y el jugador le devolverá la bola de volea lejos del lugar desde donde le lanzó el monitor.

Tarea Nº 13	Objetivo	Mejora del golpeo de volea
	Jugadores	1+M

Explicación

El jugador situado en la zona derecha de la pista. El monitor golpeará hacia el jugador desde distintas ubicaciones y el jugador le devolverá la bola de volea al lugar desde donde le lanzó el monitor.

Tarea Nº 14	Objetivo	Mejora del golpeo de volea
	Jugadores	1+M

Explicación

El jugador situado en la zona izquierda de la pista. El monitor golpeará hacia el jugador desde distintas ubicaciones y el jugador le devolverá la bola de volea lejos del lugar desde donde le lanzó el monitor.

Tarea Nº 15	Objetivo	Mejora del golpeo de volea
	Jugadores	1+M

Explicación

El jugador situado en la zona izquierda de la pista. El monitor golpeará hacia el jugador desde distintas ubicaciones y el jugador le devolverá la bola de volea al lugar desde donde le lanzó el monitor.

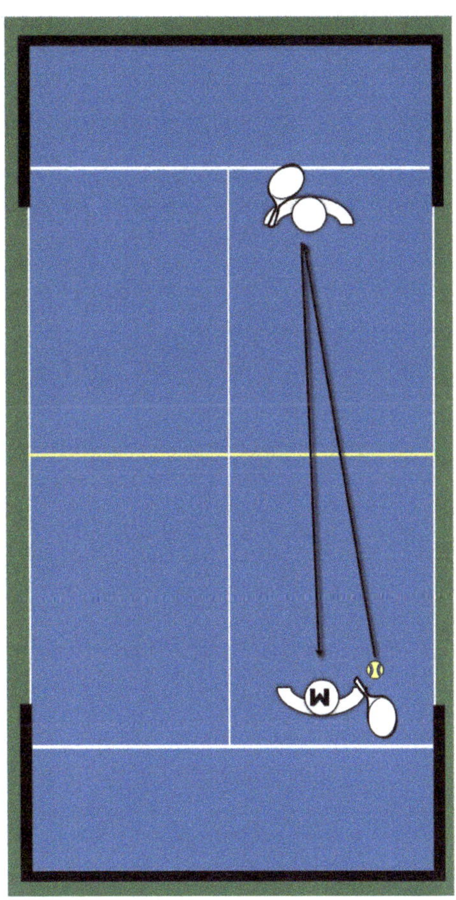

Tarea Nº 16	Objetivo	Mejora del golpeo de volea
	Jugadores	1+M

Explicación

El monitor desde el fondo de la pista y el jugador pegado a su pared lateral derecha. El monitor golpeará en paralelo y el jugador tendrá que ir a golpear de volea al lado contrario al que se dirija el monitor.

Tarea Nº 17	Objetivo	Mejora del golpeo de volea
	Jugadores	1+M

Explicación

El monitor desde el fondo de la pista y el jugador pegado a su pared lateral derecha. El monitor golpeará en paralelo y el jugador tendrá que ir a golpear de volea hacia donde se dirija el monitor.

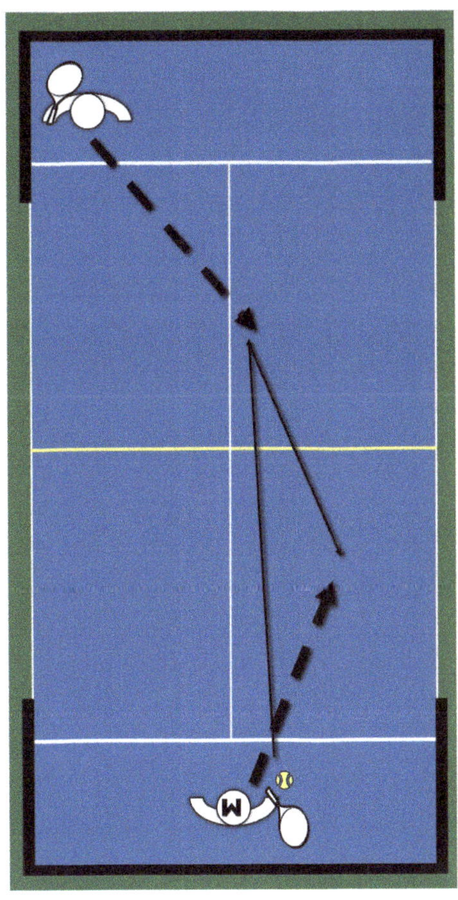

Tarea Nº 18	Objetivo	Mejora del golpeo de volea
	Jugadores	1+M

Explicación

El monitor desde el fondo de la pista y el jugador pegado a su pared lateral derecha. El monitor golpeará en paralelo y el jugador tendrá que ir a golpear de volea hacia el lugar desde donde golpeó el monitor.

Tarea Nº 19	Objetivo	Mejora del golpeo de volea
	Jugadores	1+M

Explicación

El monitor desde el fondo de la pista y el jugador pegado a su pared lateral izquierda. El monitor golpeará en paralelo y el jugador tendrá que ir a golpear de volea al lado contrario al que se dirija el monitor.

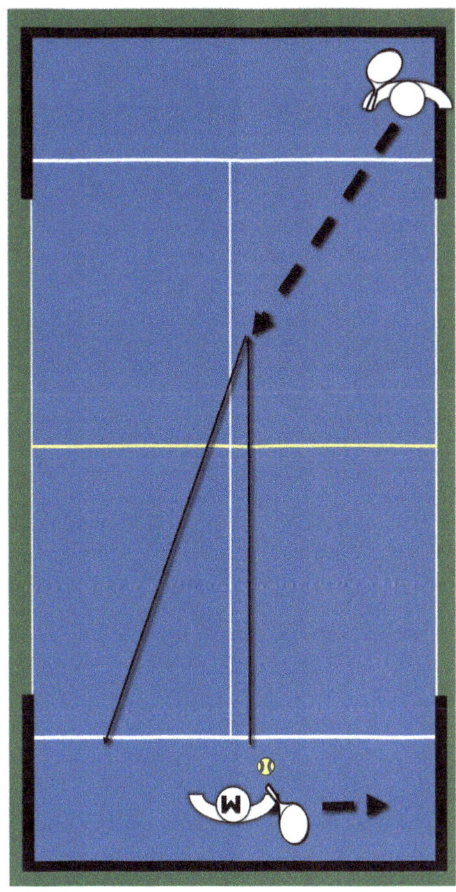

Tarea Nº 20	**Objetivo**	Mejora del golpeo de volea
	Jugadores	1+M

Explicación

El monitor desde el fondo de la pista y el jugador pegado a su pared lateral izquierda. El monitor golpeará en paralelo y el jugador tendrá que ir a golpear de volea hacia el lugar desde el que golpeó el monitor.

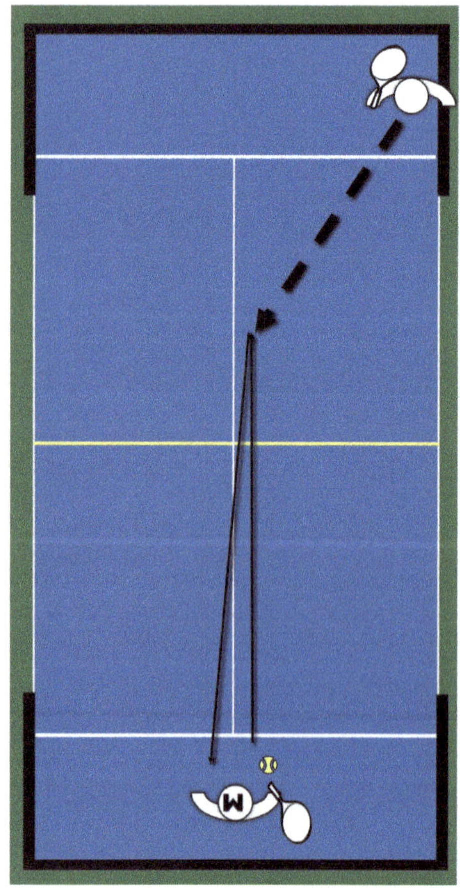

Tarea Nº 21	Objetivo	Mejora del golpeo de volea
	Jugadores	1+M

Explicación

El monitor desde el fondo de la pista y el jugador pegado a su pared lateral izquierda. El monitor golpeará en paralelo y el jugador tendrá que ir a golpear de volea hacia donde se dirija el monitor.

Tarea Nº 22	Objetivo	Mejora del golpeo de volea
	Jugadores	1+M

Explicación

El monitor desde el fondo de la pista y el jugador pegado a su pared lateral izquierda. El monitor golpeará en paralelo y el jugador tendrá que ir a golpear de volea hacia el lugar desde el que golpeó el monitor.

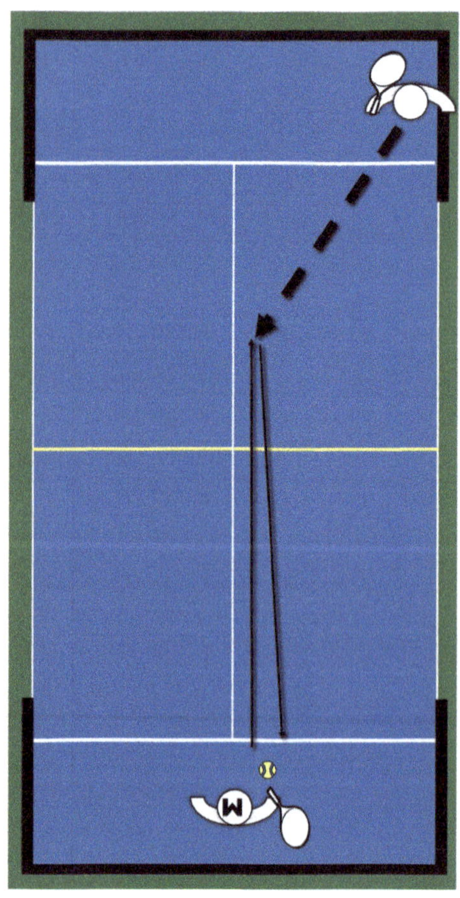

Tarea Nº 23	Objetivo	Mejora del golpeo de volea
	Jugadores	1+M

Explicación

El monitor desde pegado a su pared lateral derecha y el jugador pegado a la suya. El monitor golpeará hacia la otra mitad de la cancha y el jugador tendrá que ir a golpear de volea al lado contrario al que se dirija el monitor.

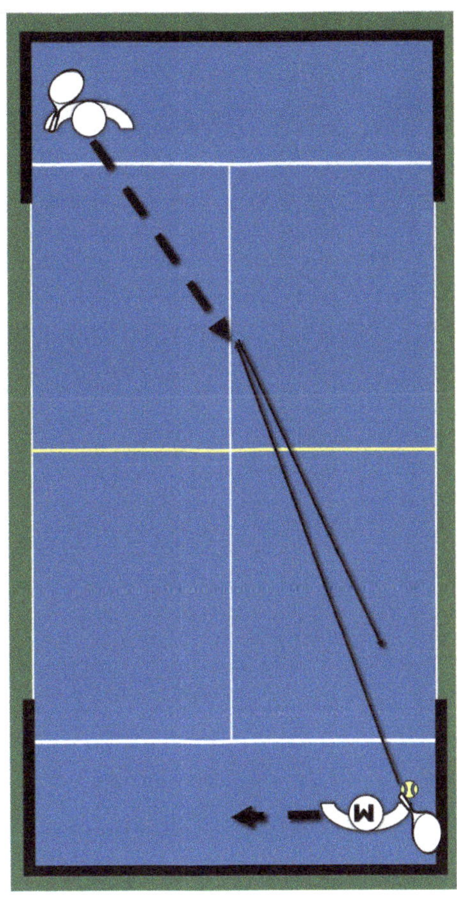

Tarea Nº 24	Objetivo	Mejora del golpeo de volea
	Jugadores	1+M

Explicación

El monitor desde pegado a su pared lateral derecha y el jugador pegado a la suya. El monitor golpeará hacia la otra mitad de la cancha y el jugador tendrá que ir a golpear de volea al lugar al que se dirija el monitor.

Tarea Nº 25	Objetivo	Mejora del golpeo de volea
	Jugadores	1+M

Explicación

El monitor desde pegado a su pared lateral izquierda y el jugador pegado a la suya. El monitor golpeará hacia la otra mitad de la cancha y el jugador tendrá que ir a golpear de volea al lado contrario al que se dirija el monitor.

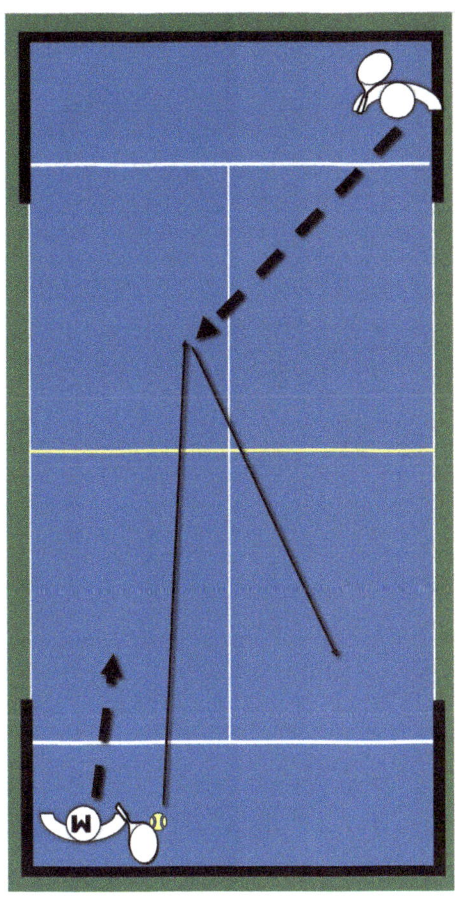

Tarea Nº 26	Objetivo	Mejora del golpeo de volea
	Jugadores	1+M

Explicación

El monitor desde pegado a su pared lateral izquierda y el jugador pegado a la suya. El monitor golpeará hacia la otra mitad de la cancha y el jugador tendrá que ir a golpear de volea al lugar al que se dirija el monitor.

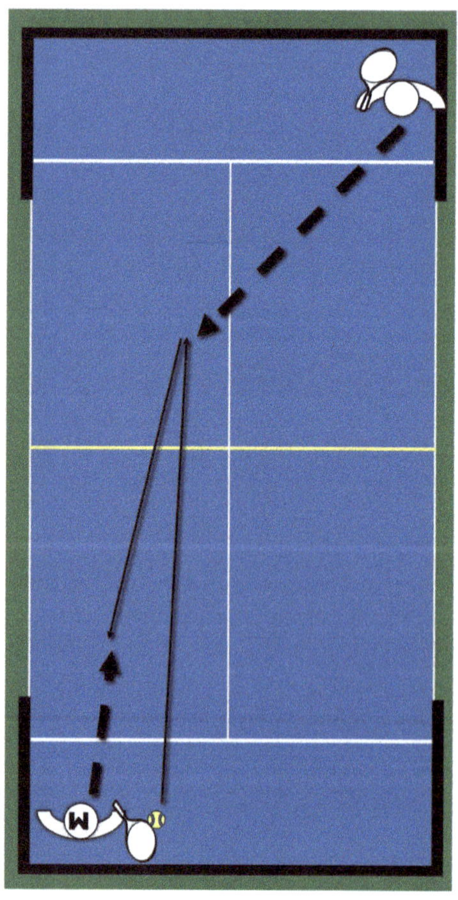

Tarea Nº 27	Objetivo	Mejora del golpeo de volea
	Jugadores	1+M

Explicación

El monitor desde el fondo de la pista y el jugador pegado a su pared lateral derecha. El monitor golpeará hacia la otra mitad de la cancha y el jugador tendrá que ir a golpear de volea hacia donde se dirija el monitor.

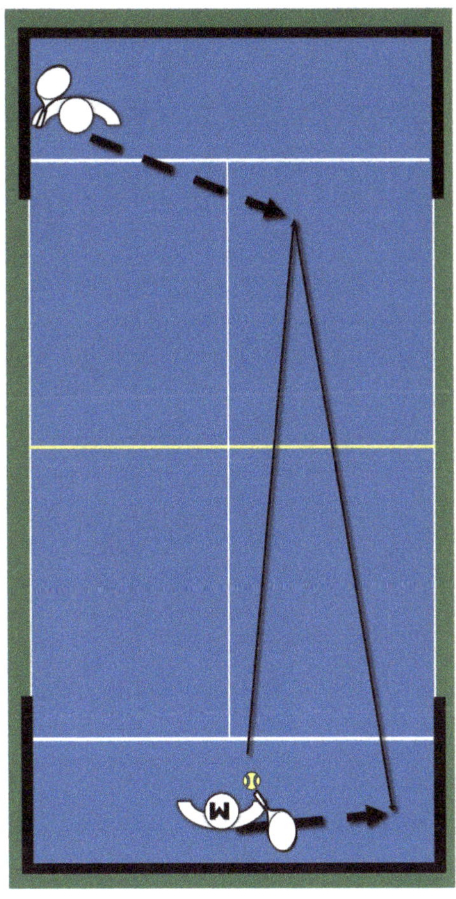

Tarea Nº 28	Objetivo	Mejora del golpeo de volea
	Jugadores	2

Explicación

Los jugadores realizarán golpeos de volea en paralelo sin que la bola llegue a tocar la pared. Los jugadores cuando golpeen unas veces lo harán más corto o más largo para dificultar al contrario

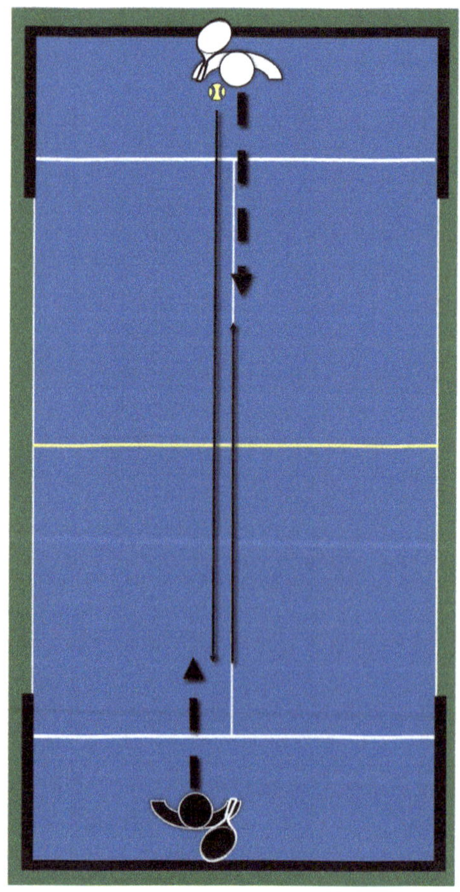

Tarea Nº 29	Objetivo	Mejora del golpeo de volea
	Jugadores	2

Explicación

Los jugadores realizarán golpeos de volea en paralelo sin que la bola llegue a tocar la pared. Los jugadores cuando golpeen unas veces lo harán más corto o más largo para dificultar al contrario y esperarán el mejor momento para golpear de volea cruzado y anotar punto. Si se devuelve el golpeo cruzado será punto para el que lo devolvió.

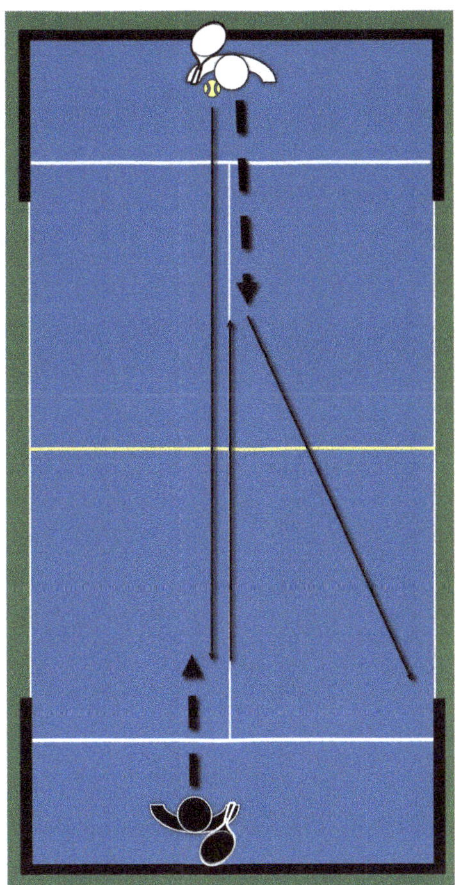

Tarea Nº 30	Objetivo	Mejora del golpeo de volea
	Jugadores	2

Explicación

Los jugadores realizarán golpeos de en paralelo sin que la bola llegue a tocar la pared. Los jugadores cuando golpeen unas veces lo harán más corto o más largo para dificultar al contrario y esperarán el mejor momento para golpear de volea cruzado y anotar punto. Si se devuelve el golpeo cruzado será punto para el que lo devolvió.

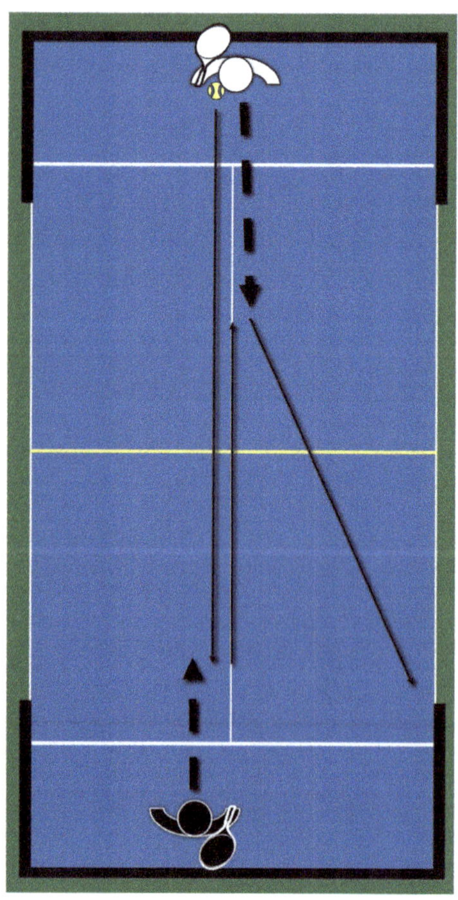

Tarea Nº 31	Objetivo	Mejora del golpeo de volea
	Jugadores	2

Explicación

Los jugadores realizarán golpeos de volea en paralelo sin que la bola llegue a tocar la pared. Solo uno de los jugadores podrá variar su posición. Los jugadores irán cambiando el que se mueve y el que se queda en el mismo lugar.

Tarea Nº 32	Objetivo	Mejora del golpeo de volea
	Jugadores	2

Explicación

Los jugadores situados en la zona derecha realizarán golpes de volea en diagonal sin que la bola llegue a tocar ni la pared lateral ni la de fondo Los jugadores cuando golpeen la bola se acercarán o se alejarán para variar su posición y que el compañero se la devuelva a su nueva ubicación.

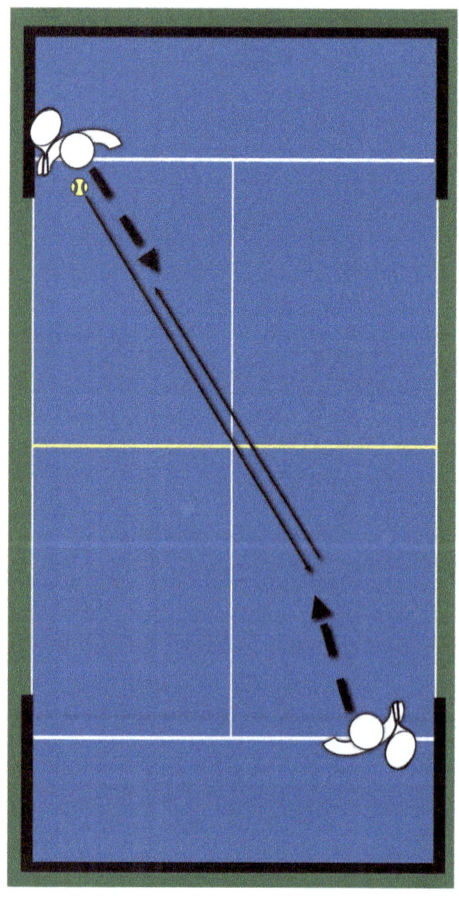

Tarea Nº 33	Objetivo	Mejora del golpeo de volea
	Jugadores	2

Explicación

Los jugadores situados a su izquierda realizarán golpeos de volea en diagonal sin que la bola llegue a tocar ni la pared lateral ni la de fondo Los jugadores cuando golpeen la bola se acercarán o se alejarán para variar su posición y que el compañero se la devuelva a su nueva ubicación.

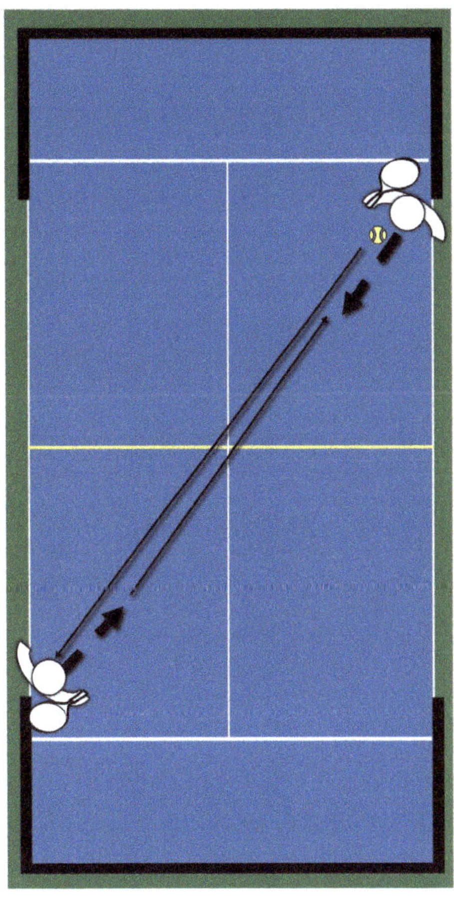

Tarea Nº 34	Objetivo	Mejora del golpeo de volea
	Jugadores	1+M

Explicación

El jugador realizará golpeos de volea en diagonal hacia el monitor sin que la bola llegue a tocar ni la pared lateral ni la de fondo. El monitor cuando golpee la bola se acercará o se alejará para variar su posición y el jugador se la devolverá a la nueva ubicación.

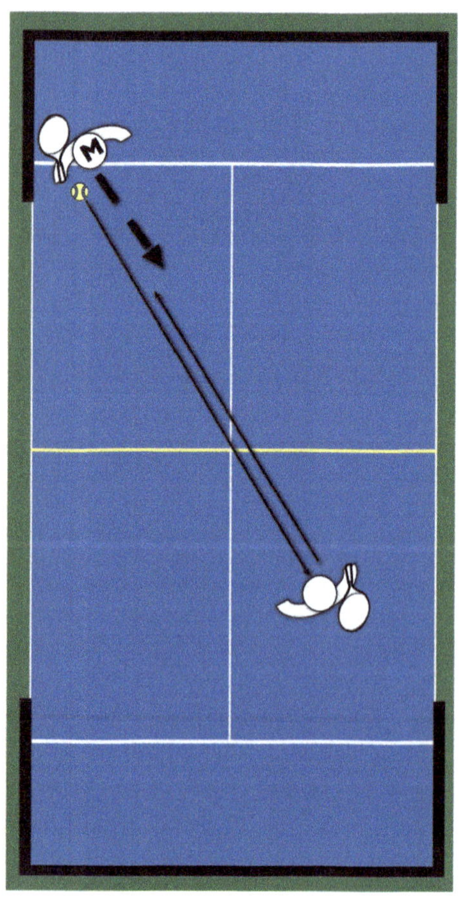

Tarea Nº 35	Objetivo	Mejora del golpeo de volea
	Jugadores	1+M

Explicación

El jugador realizará golpeos de volea en diagonal hacia el monitor sin que la bola llegue a tocar ni la pared lateral ni la de fondo. El monitor no variará su ubicación y devolverá la bola unas veces más cortas y otras más largas para que el jugador golpee.

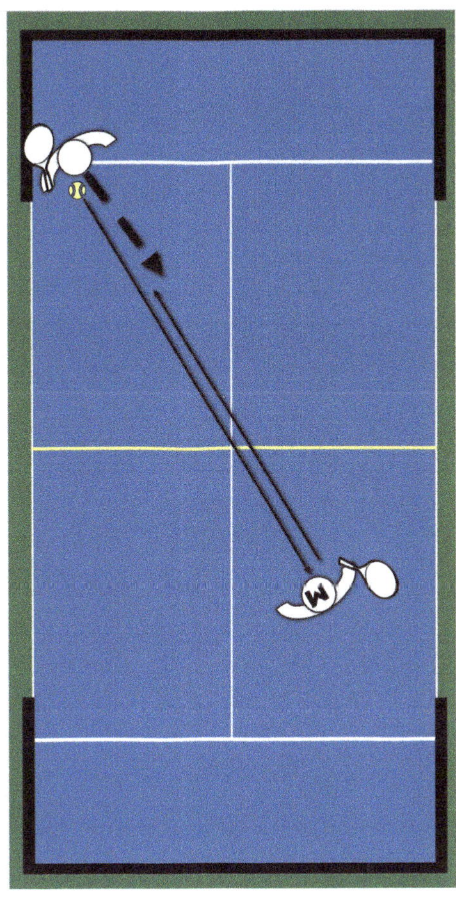

Tarea Nº 36	**Objetivo**	Mejora del golpeo de volea
	Jugadores	2

Explicación

Los jugadores en su mitad derecha realizarán golpeos de volea en diagonal sin que la bola llegue a tocar la pared. Los jugadores cuando golpeen unas veces lo harán más corto o más largo para dificultar al contrario.

Tarea Nº 37	Objetivo	Mejora del golpeo de volea
	Jugadores	2

Explicación

Los jugadores en su mitad izquierda realizarán golpeos de volea en diagonal sin que la bola llegue a tocar la pared. Los jugadores cuando golpeen unas veces lo harán más corto o más largo para dificultar al contrario

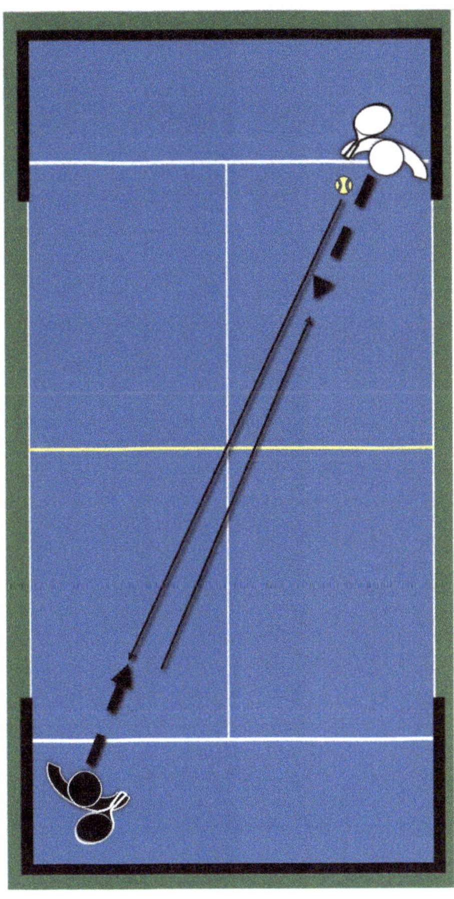

Tarea Nº 38	Objetivo	Mejora del golpeo de volea
	Jugadores	2

Explicación

Los jugadores en su mitad derecha de la pista realizarán golpeos en diagonal sin que la bola llegue a tocar la pared. Los jugadores cuando golpeen unas veces lo harán más corto o más largo para dificultar al contrario y esperarán el mejor momento para golpear paralelo de volea y anotar punto. Si se devuelve el golpeo paralelo será punto para el que lo devolvió.

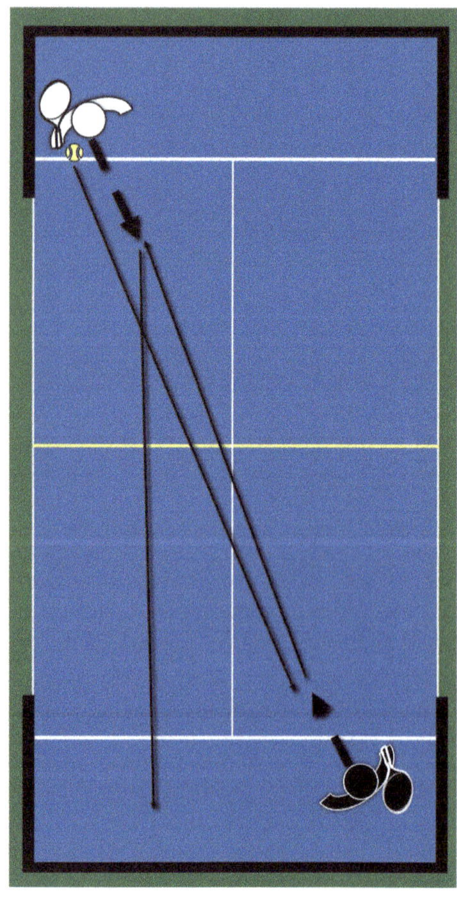

Tarea Nº 39	Objetivo	Mejora del golpeo de volea
	Jugadores	2

Explicación

Los jugadores en su mitad derecha de la pista realizarán golpeos de volea en diagonal. Los jugadores cuando golpeen unas veces lo harán más corto o más largo para dificultar al contrario y esperarán el mejor momento para golpear paralelo de volea y anotar punto. Si se devuelve el golpeo paralelo será punto para el que lo devolvió.

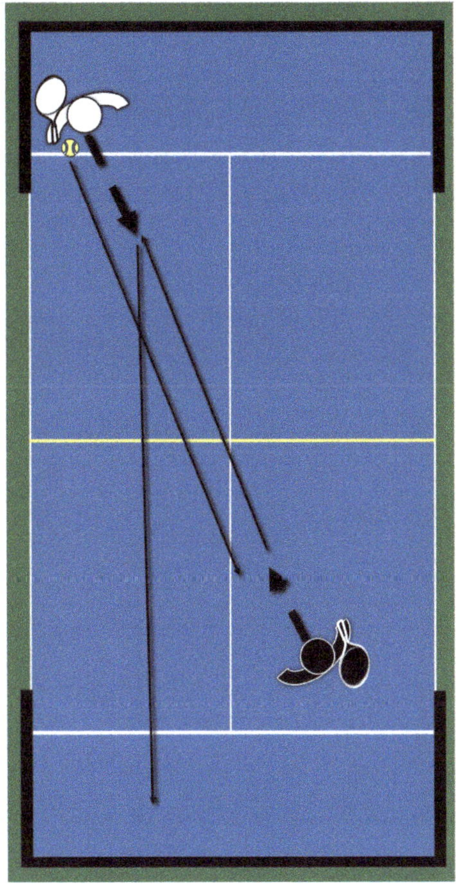

Tarea Nº 40	Objetivo	Mejora del golpeo de volea
	Jugadores	2

Explicación

Los jugadores en la parte izquierda de su mitad de la pista realizarán golpeos en diagonal sin que la bola llegue a tocar la pared. Los jugadores cuando golpeen unas veces lo harán más corto o más largo para dificultar al contrario y esperarán el mejor momento para golpear paralelo de volea y anotar punto. Si se devuelve el golpeo paralelo será punto para el que lo devolvió.

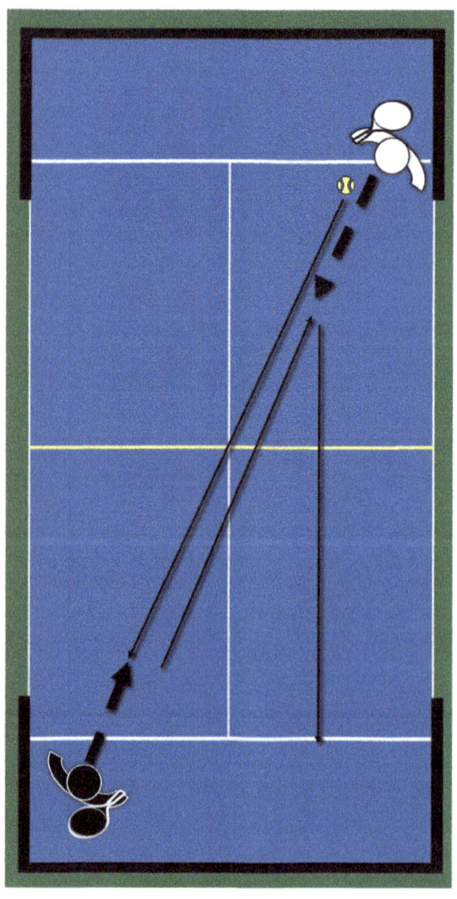

Tarea Nº 41	Objetivo	Mejora del golpeo de volea
	Jugadores	2

Explicación

Los jugadores en la parte izquierda de su mitad de la pista realizarán golpeos en diagonal de volea. Los jugadores cuando golpeen unas veces lo harán más corto o más largo para dificultar al contrario y esperarán el mejor momento para golpear paralelo de volea y anotar punto. Si se devuelve el golpeo paralelo será punto para el que lo devolvió.

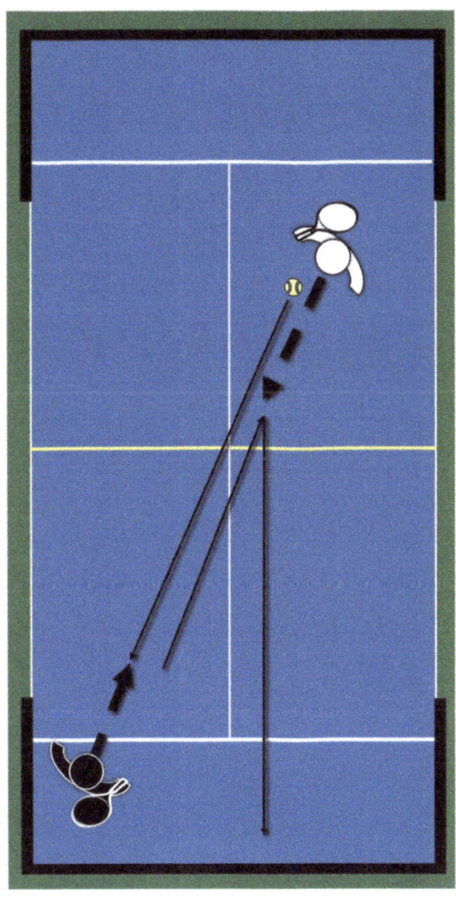

Tarea Nº 42	Objetivo	Mejora del golpeo de volea
	Jugadores	1+M

Explicación

El monitor desde el fondo golpeará en paralelo y el jugador tendrá que ir a golpear de volea al lado contrario al que se dirija el monitor.

Tarea Nº 43	Objetivo	Mejora del golpeo de volea
	Jugadores	1+M

Explicación

El monitor desde el fondo golpeará en paralelo y el jugador tendrá que ir a golpear de volea a donde se dirija el monitor.

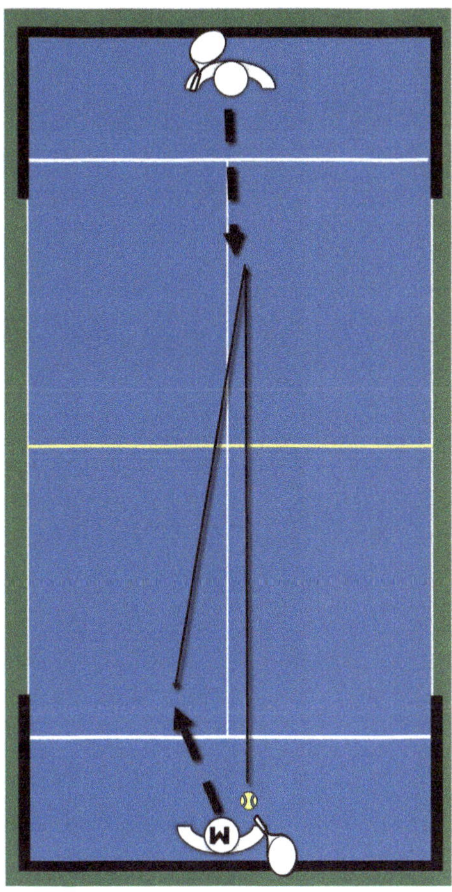

Tarea Nº 44	Objetivo	Mejora del golpeo de volea
	Jugadores	1+M

Explicación

El jugador en el lado derecho, el monitor golpeará en paralelo hacia él y se moverá. El jugador tendrá que golpear de volea lejos de dónde se dirija el monitor.

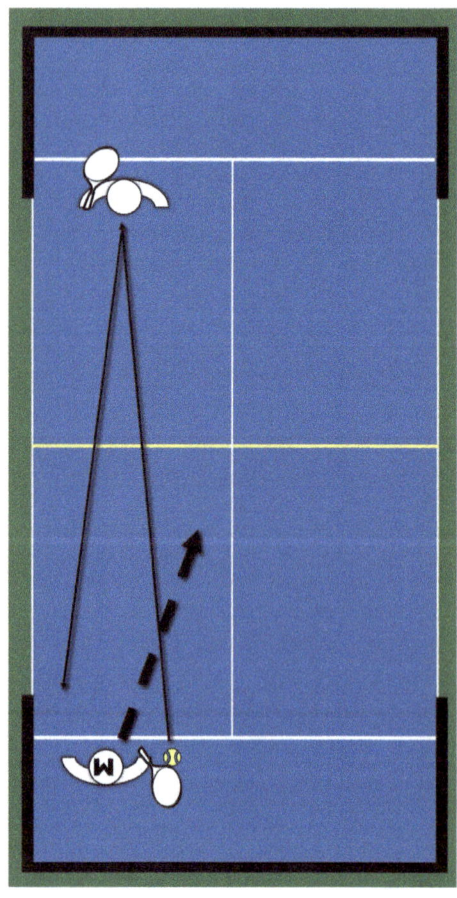

Tarea Nº 45	Objetivo	Mejora del golpeo de volea
	Jugadores	1+M

Explicación

El jugador en el lado derecho, el monitor golpeará en paralelo hacia él y se moverá. El jugador tendrá que ir a golpear de volea lejos de dónde se dirija el monitor.

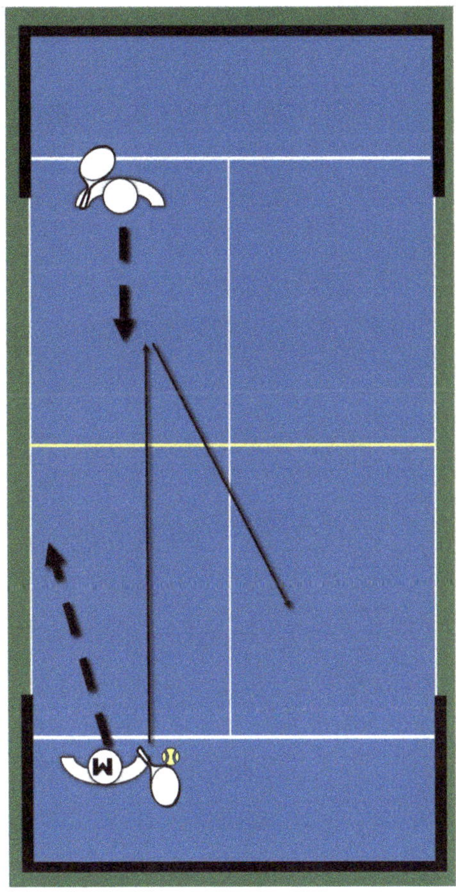

Tarea Nº 46	Objetivo	Mejora del golpeo de volea
	Jugadores	1+M

Explicación

El jugador en el lado derecho, el monitor golpeará en paralelo hacia él y se moverá. El jugador tendrá que ir a golpear de volea dónde se dirija el monitor.

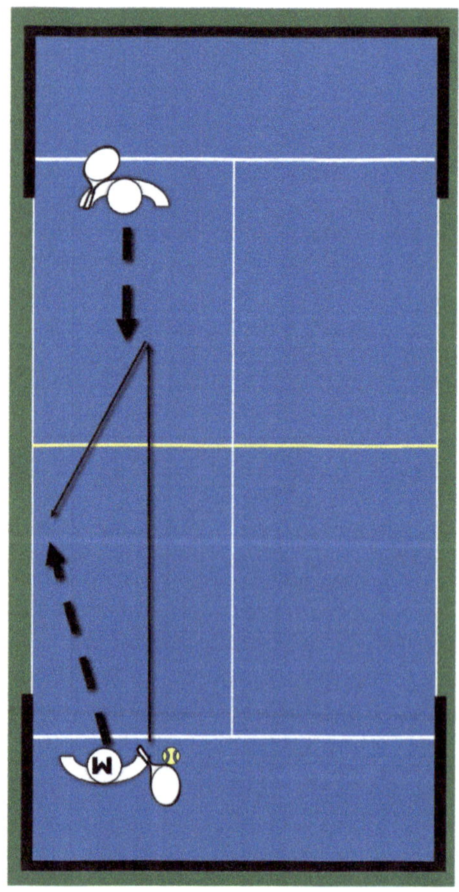

Tarea Nº 47	Objetivo	Mejora del golpeo de volea
	Jugadores	1+M

Explicación

El jugador en el lado derecho, el monitor golpeará en paralelo hacia él y se moverá. El jugador tendrá que golpear de volea dónde se dirija el monitor.

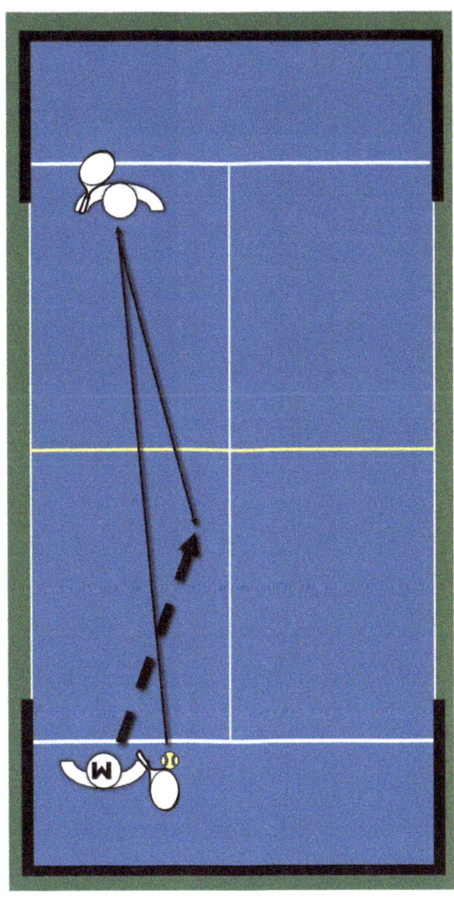

Tarea Nº 48	Objetivo	Mejora del golpeo de volea
	Jugadores	1+M

Explicación

El jugador en el lado izquierdo, el monitor golpeará en paralelo hacia él y se moverá. El jugador tendrá que golpear de volea lejos de dónde se dirija el monitor.

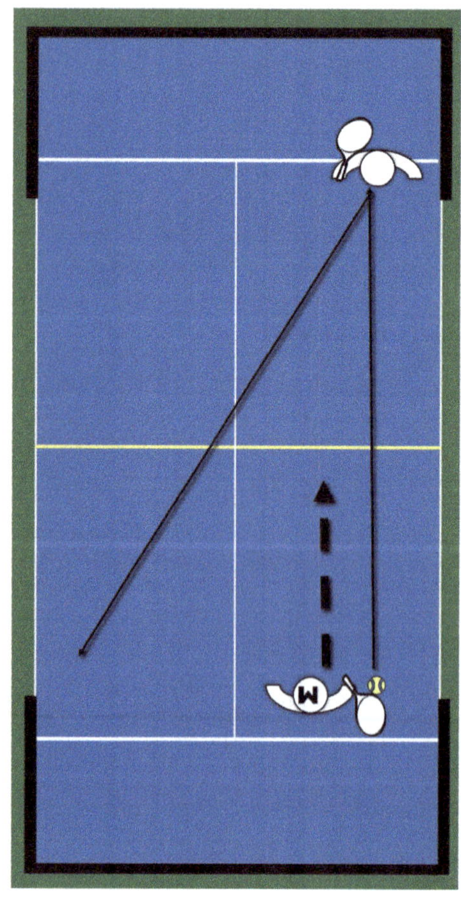

Tarea Nº 49	Objetivo	Mejora del golpeo de volea
	Jugadores	1+M

Explicación

El jugador en el lado izquierdo, el monitor golpeará hacia él y se moverá. El jugador tendrá que golpear de volea lejos de donde se dirija el monitor.

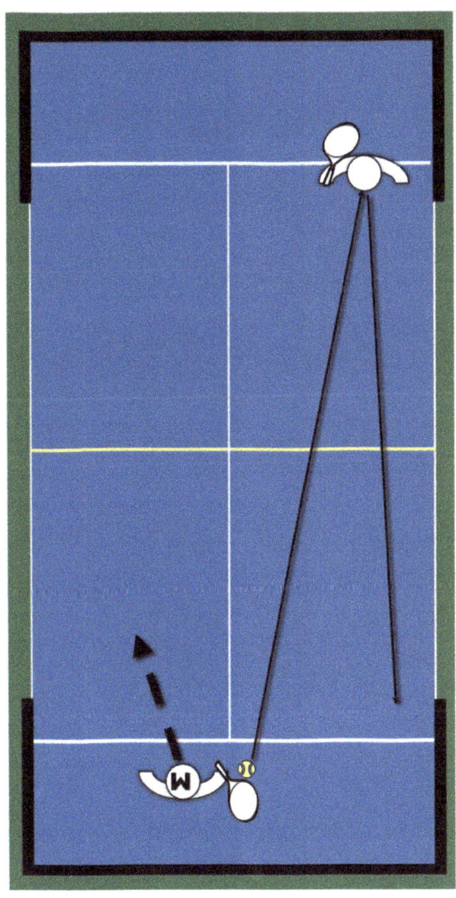

Tarea Nº 50	Objetivo	Mejora del golpeo de volea
	Jugadores	1+M

Explicación

El jugador en el lado izquierdo, el monitor golpeará y se moverá. El jugador tendrá que ir a golpear de volea lejos de donde se dirija el monitor.

Tarea Nº 51	Objetivo	Mejora del golpeo de volea
	Jugadores	1+M

Explicación

El jugador en el lado izquierdo, el monitor golpeará hacia él y se moverá. El jugador tendrá que golpear de volea donde se dirija el monitor.

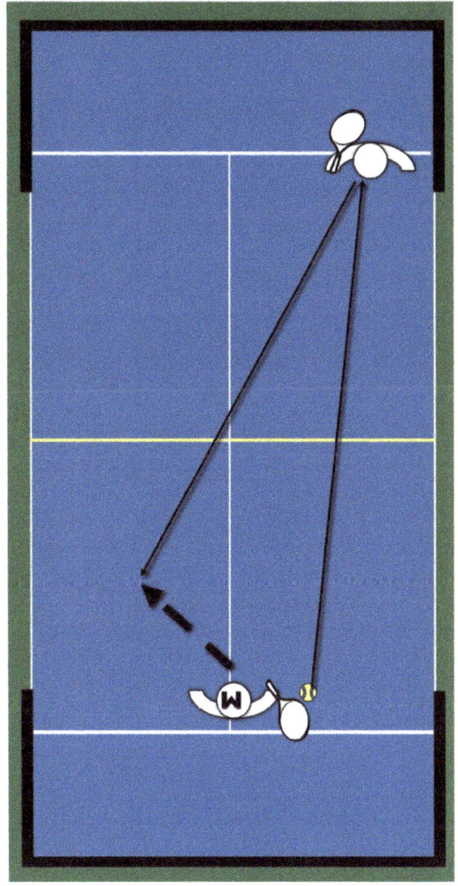

Tarea Nº 52	Objetivo	Mejora del golpeo de volea
	Jugadores	1+M

Explicación

El jugador en el lado izquierdo, el monitor golpeará y se moverá. El jugador tendrá que ir a golpear de volea donde se dirija el monitor.

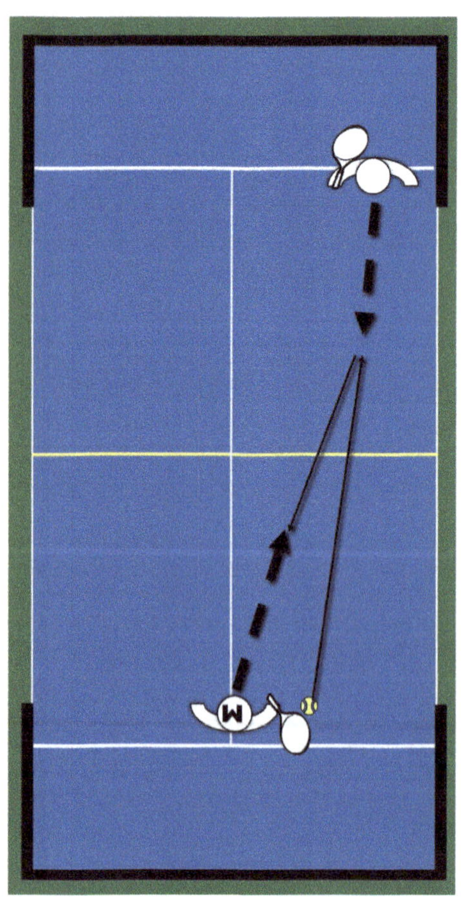

Tarea Nº 53	Objetivo	Mejora del golpeo de volea
	Jugadores	1+M

Explicación

El monitor sobre la línea de servicio golpeará hacia la otra mitad de la pista y el jugador tendrá que ir a golpear de volea lejos del alcance del monitor para que no pueda devolver el golpeo.

Tarea Nº 54	Objetivo	Mejora del golpeo de volea
	Jugadores	1+M

Explicación

El monitor sobre la línea de servicio golpeará hacia la otra mitad de la pista, se moverá y el jugador tendrá que ir a golpear de volea lejos de donde se dirija el monitor para que no pueda devolver el golpeo.

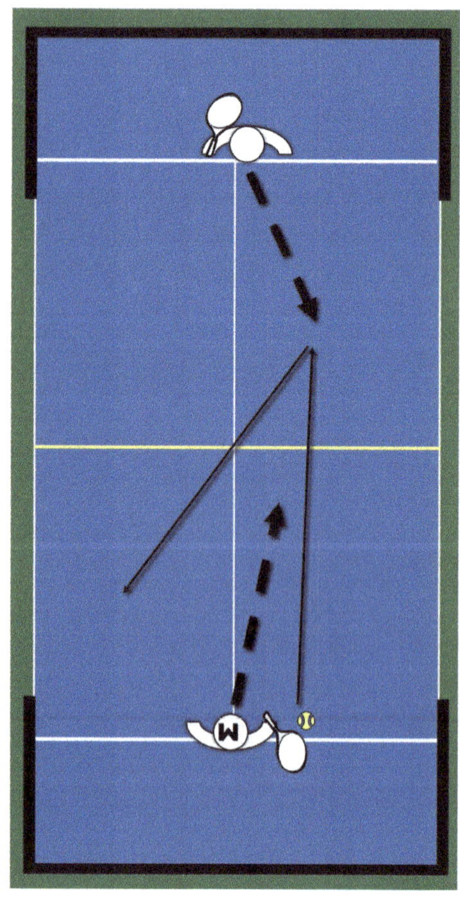

Tarea Nº 55	Objetivo	Mejora del golpeo de volea
	Jugadores	1+M

Explicación

El monitor sobre la línea de servicio golpeará hacia la otra mitad de la pista, se moverá y el jugador tendrá que ir a golpear de volea hacia el lugar al que se dirija el monitor.

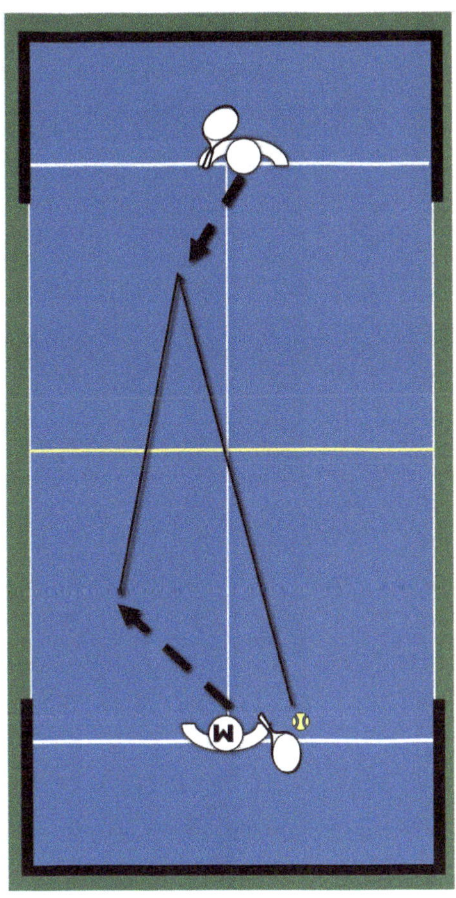

Tarea Nº 56	Objetivo	Mejora del golpeo de volea
	Jugadores	1+M

Explicación

El monitor desde el medio de la pista y el jugador desde el fondo. El monitor golpeará en paralelo y el jugador tendrá que golpear de volea al lado al que se dirija el monitor.

Tarea Nº 57	Objetivo	Mejora del golpeo de volea
	Jugadores	1+M

Explicación

El monitor desde el medio de la pista y el jugador desde el fondo. El monitor golpeará en paralelo y el jugador tendrá que ir a golpear de volea al lado al que se dirija el monitor.

Tarea Nº 58	**Objetivo**	Mejora del golpeo de volea
	Jugadores	1+M

Explicación

El monitor desde el medio de la pista y el jugador desde el fondo. El monitor golpeará en paralelo y el jugador tendrá que golpear de volea al lado contrario al que se dirija el monitor.

Tarea Nº 59	Objetivo	Mejora del golpeo de volea
	Jugadores	1+M

Explicación

El monitor desde el medio de la pista y el jugador desde el fondo. El monitor golpeará en paralelo y el jugador tendrá que ir a golpear de volea al lado contrario al que se dirija el monitor.

Tarea Nº 60	Objetivo	Mejora del golpeo de volea
	Jugadores	1+M

Explicación

El monitor desde el medio de la pista y el jugador desde el fondo. El monitor golpeará en paralelo y el jugador tendrá que golpear de volea más cerca o más lejos de la red según si el monitor se acerca o se aleja.

Tarea Nº 61	Objetivo	Mejora del golpeo de volea
	Jugadores	1+M

Explicación

El monitor desde el medio de la pista y el jugador desde el fondo. El monitor golpeará en paralelo y el jugador tendrá que ir a golpear de volea más cerca o más lejos de la red según si el monitor se acerca o se aleja.

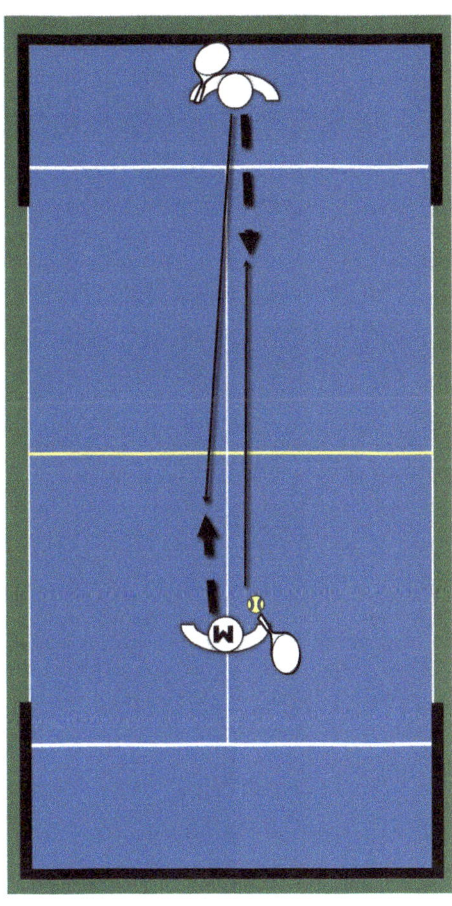

Tarea Nº 62	Objetivo	Mejora del golpeo de volea
	Jugadores	1+M

Explicación

El monitor desde el medio de la pista y el jugador desde el fondo. El monitor golpeará en paralelo y el jugador tendrá que golpear de volea más cerca o más lejos de la red según lo contrario que haga el monitor.

Tarea Nº 63	Objetivo	Mejora del golpeo de volea
	Jugadores	1+M

Explicación

El monitor desde el medio de la pista y el jugador desde el fondo. El monitor golpeará en paralelo y el jugador tendrá que ir a golpear de volea más cerca o más lejos de la red según lo contrario que haga el monitor.

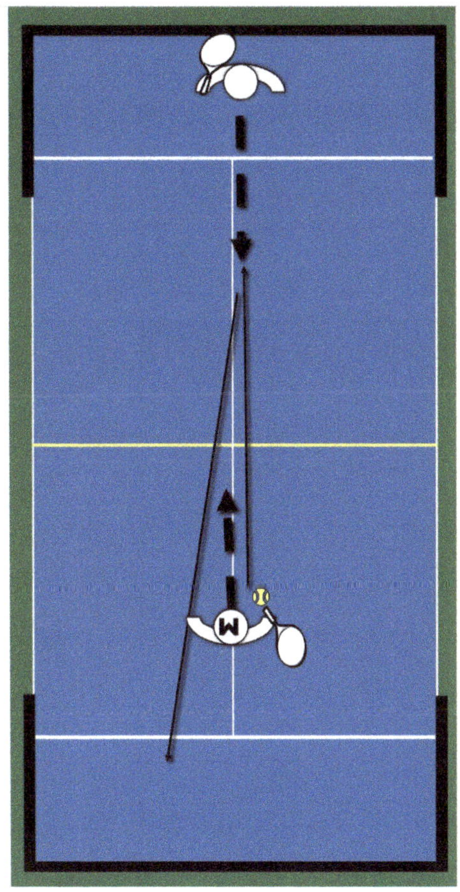

Tarea Nº 64	Objetivo	Mejora del golpeo de volea
	Jugadores	1+M

Explicación

El monitor y el jugador en el medio de la pista. El monitor golpeará en paralelo y el jugador tendrá que golpear de volea al lado al que se dirija el monitor.

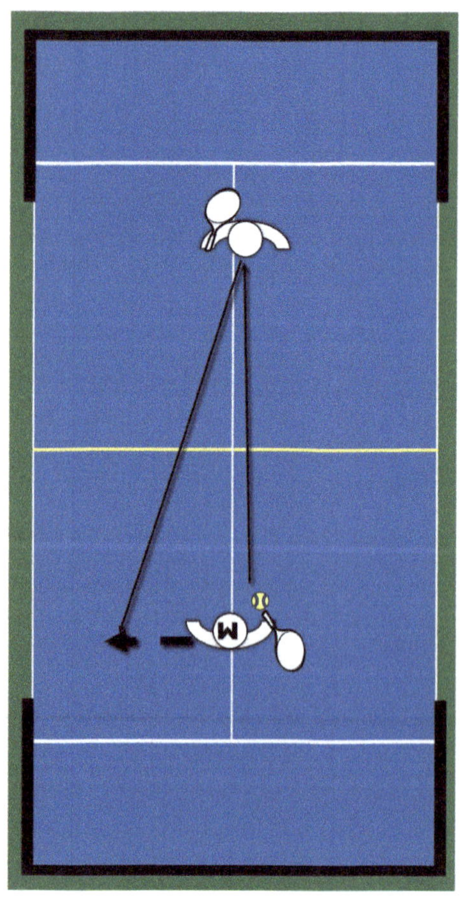

Tarea Nº 65	Objetivo	Mejora del golpeo de volea
	Jugadores	1+M

Explicación

El monitor y el jugador en el medio de la pista. El monitor golpeará en paralelo y el jugador tendrá que golpear de volea al lado contrario al que se dirija el monitor.

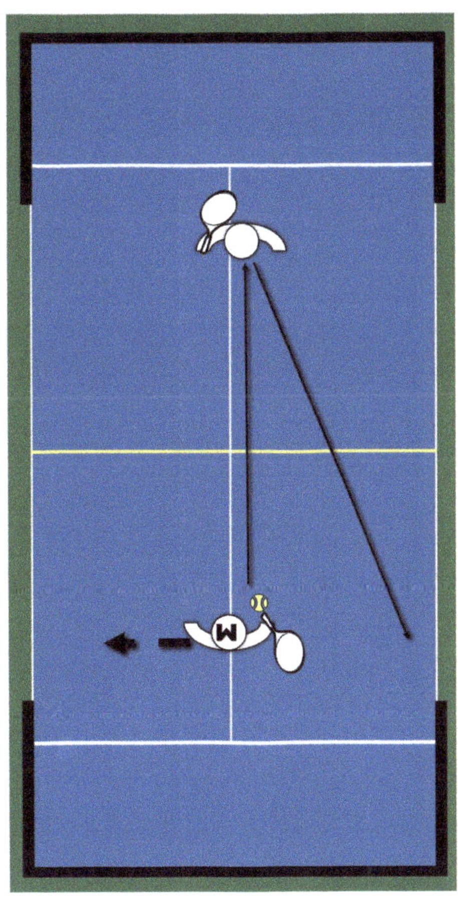

Tarea Nº 66	Objetivo	Mejora del golpeo de volea
	Jugadores	1+M

Explicación

El monitor y el jugador en el medio de la pista. El monitor golpeará en paralelo y el jugador tendrá que golpear de volea más cerca o más lejos de la red según si el monitor se acerca o se aleja.

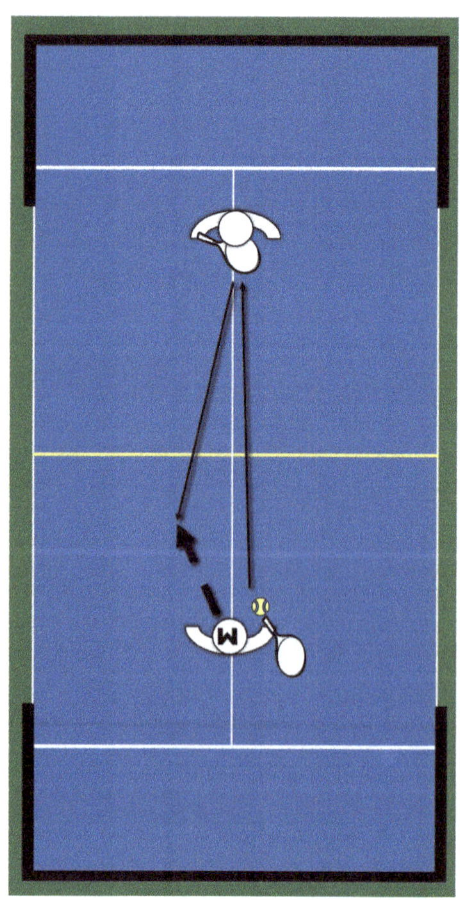

Tarea Nº 67	Objetivo	Mejora del golpeo de volea
	Jugadores	1+M

Explicación

El monitor y el jugador en el medio de la pista. El monitor golpeará en paralelo y el jugador tendrá que golpear de volea más cerca o más lejos de la red según lo contrario que haga el monitor

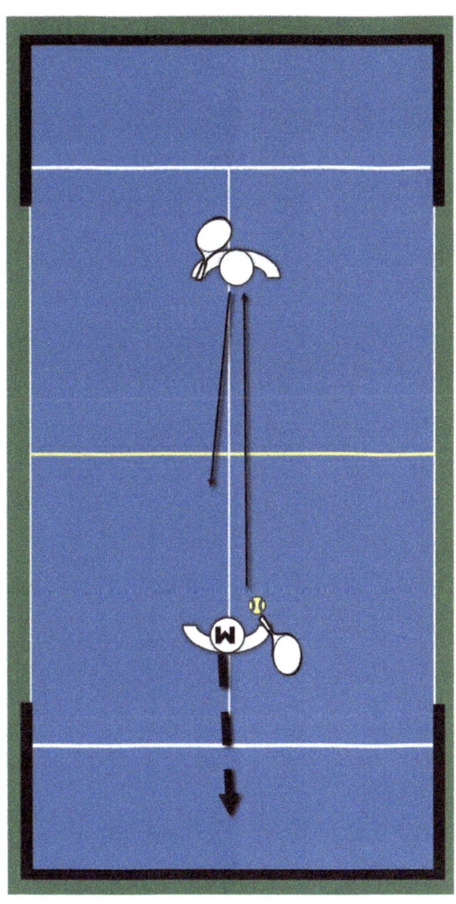

Tarea Nº 68	Objetivo	Mejora del golpeo de volea
	Jugadores	1+M

Explicación

El monitor desde su pared lateral izquierda de la pista y el jugador desde el fondo. El monitor golpeará en paralelo y el jugador tendrá que ir a golpear de volea al lado al que se dirija el monitor.

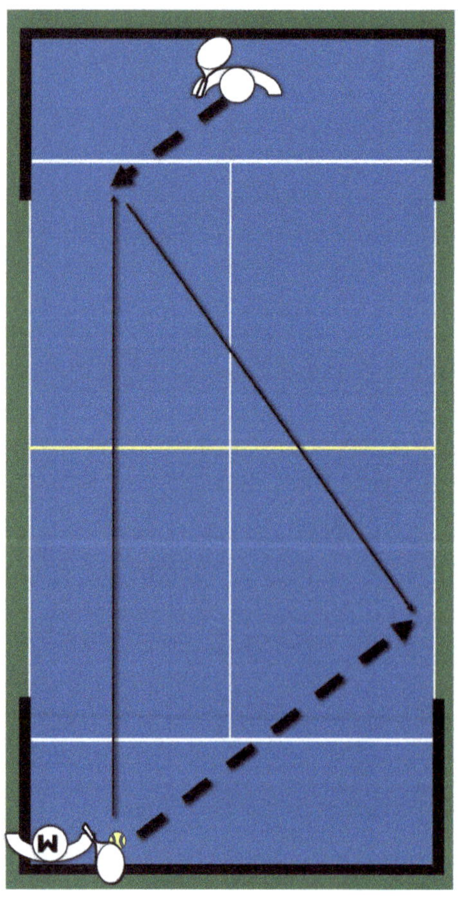

Tarea Nº 69	Objetivo	Mejora del golpeo de volea
	Jugadores	1+M

Explicación

El monitor desde su pared lateral izquierda de la pista y el jugador desde el fondo. El monitor golpeará y el jugador tendrá que ir a golpear de volea al lugar al que se dirija el monitor.

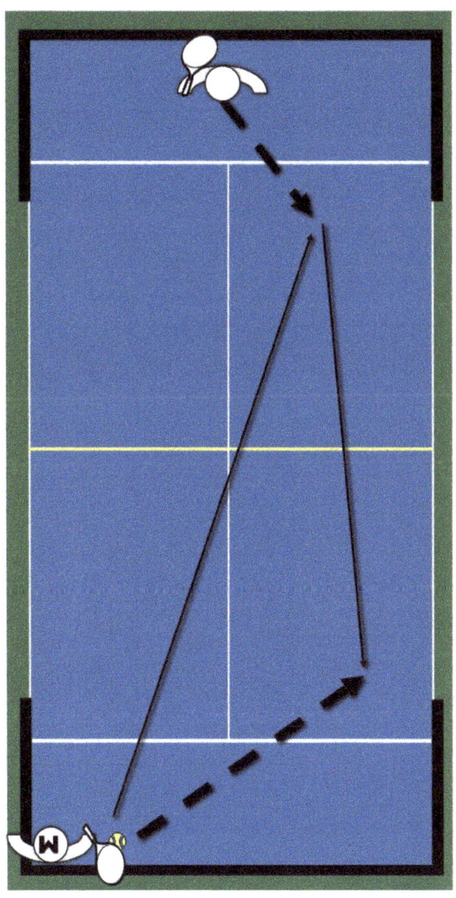

Tarea Nº 70	Objetivo	Mejora del golpeo de volea
	Jugadores	1+M

Explicación

El monitor desde su pared lateral derecha de la pista y el jugador desde el fondo. El monitor golpeará y el jugador tendrá que ir a golpear de volea al lugar al que se dirija el monitor.

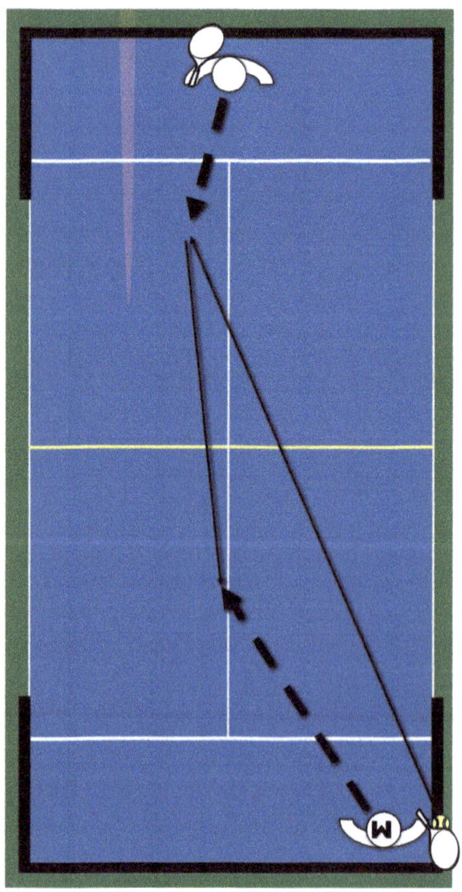

Tarea Nº 71	Objetivo	Mejora del golpeo de volea
	Jugadores	1+M

Explicación

El monitor desde su pared lateral derecha de la pista y el jugador desde el fondo. El monitor golpeará y el jugador tendrá que ir a golpear de volea lejos del lugar al que se dirija el monitor para que no pueda devolver la bola.

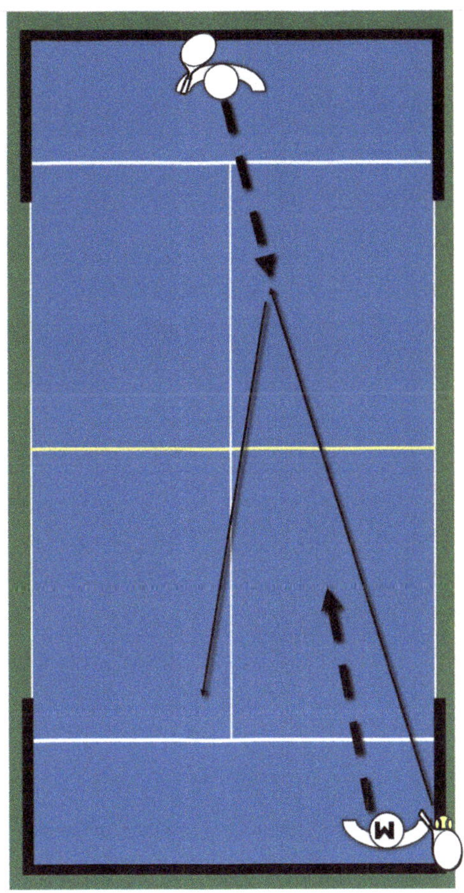

Tarea Nº 72	Objetivo	Mejora del golpeo de volea
	Jugadores	1+M

Explicación

El monitor desde su pared lateral izquierda de la pista y el jugador desde el fondo. El monitor golpeará y el jugador tendrá que ir a golpear de volea lejos del lugar al que se dirija el monitor para que no pueda devolver la bola.

Tarea Nº 73	Objetivo	Mejora del golpeo de volea
	Jugadores	1+M

Explicación

El monitor desde el medio de la pista y el jugador desde el fondo. El monitor golpeará y el jugador tendrá que ir a golpear de volea al lado al que se dirija el monitor.

Tarea Nº 74	Objetivo	Mejora del golpeo de volea
	Jugadores	1+M

Explicación

El monitor desde el medio de la pista y el jugador desde el fondo. El monitor golpeará y el jugador tendrá que ir a golpear de volea al lado contrario al que se dirija el monitor.

Tarea Nº 75	Objetivo	Mejora del golpeo de volea
	Jugadores	1+M

Explicación

El monitor desde el medio de la pista y el jugador desde el fondo. El monitor golpeará y el jugador tendrá que ir a golpear de volea más cerca o más lejos de la red según si el monitor se acerca o se aleja.

Tarea Nº 76	Objetivo	Mejora del golpeo de volea
	Jugadores	1+M

Explicación

El monitor desde el medio de la pista y el jugador desde el fondo. El monitor golpeará y el jugador tendrá que ir a golpear de volea más cerca o más lejos de la red según lo contrario que haga el monitor.

Tarea Nº 77	Objetivo	Mejora del golpeo de volea
	Jugadores	1+M

Explicación

El monitor desde el medio de la pista y el jugador pegado a su pared lateral derecha. El monitor golpeará en paralelo y el jugador tendrá que ir a golpear de revés al lado contrario al que se dirija el monitor.

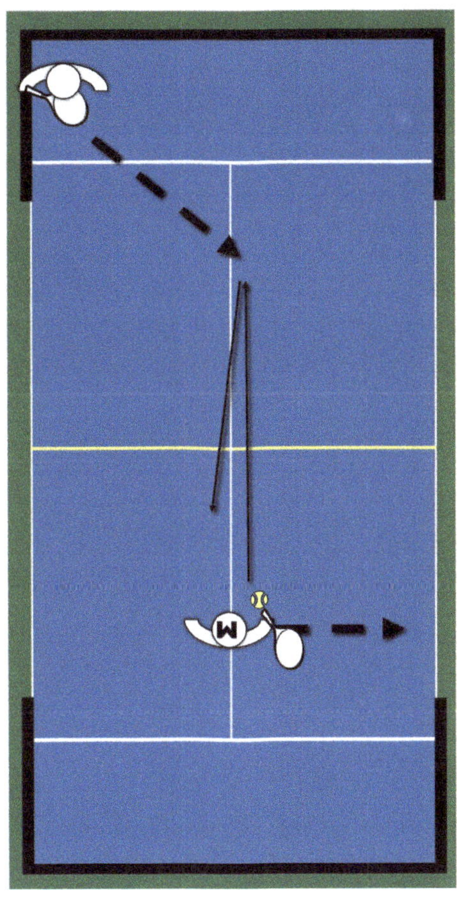

Tarea Nº 78	Objetivo	Mejora del golpeo de volea
	Jugadores	1+M

Explicación

El monitor desde el medio de la pista y el jugador pegado a su pared lateral derecha. El monitor golpeará hacia la otra mitad de la cancha y el jugador tendrá que ir a golpear de volea al lado contrario al que se dirija el monitor.

Tarea Nº 79	Objetivo	Mejora del golpeo de volea
	Jugadores	1+M

Explicación

El monitor desde el medio de la pista y el jugador pegado a su pared lateral derecha. El monitor golpeará hacia la otra mitad de la cancha y el jugador tendrá que ir a golpear de volea hacia donde se dirija el monitor.

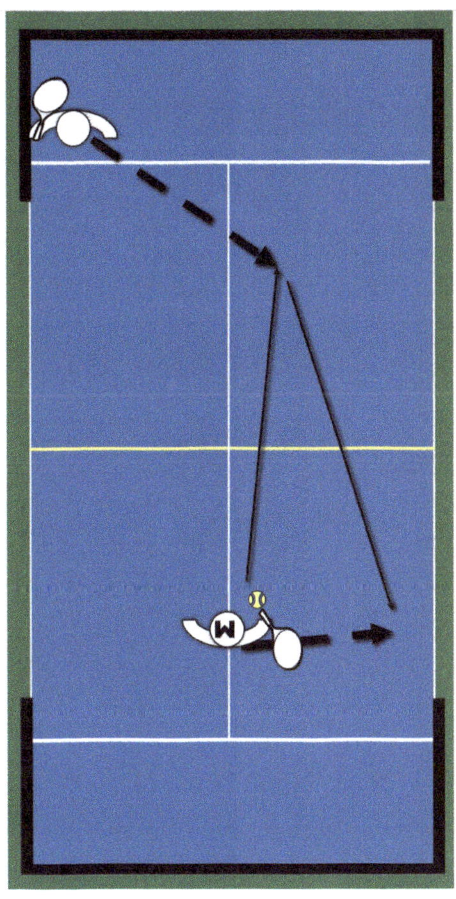

Tarea Nº 80	Objetivo	Mejora del golpeo de volea
	Jugadores	1+M

Explicación

El monitor cerca de la red y el jugador en el medio de la pista. El monitor golpeará en paralelo y el jugador tendrá que golpear de volea al lado al que se dirija el monitor.

Tarea Nº 81	Objetivo	Mejora del golpeo de volea
	Jugadores	1+M

Explicación

El monitor cerca de la red y el jugador en el medio de la pista. El monitor golpeará en paralelo y el jugador tendrá que golpear de volea al lado contrario al que se dirija el monitor.

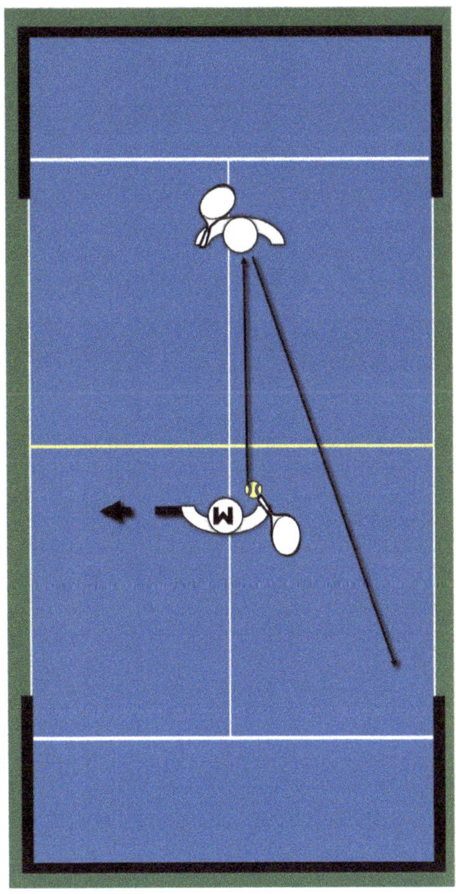

Tarea Nº 82	Objetivo	Mejora del golpeo de volea
	Jugadores	1+M

Explicación

El monitor cerca de la red y el jugador en el medio de la pista. El monitor golpeará en paralelo y el jugador tendrá que golpear de volea hacia el monitor, más cerca o más lejos de la red según si el monitor se queda quieto o se aleja de la red

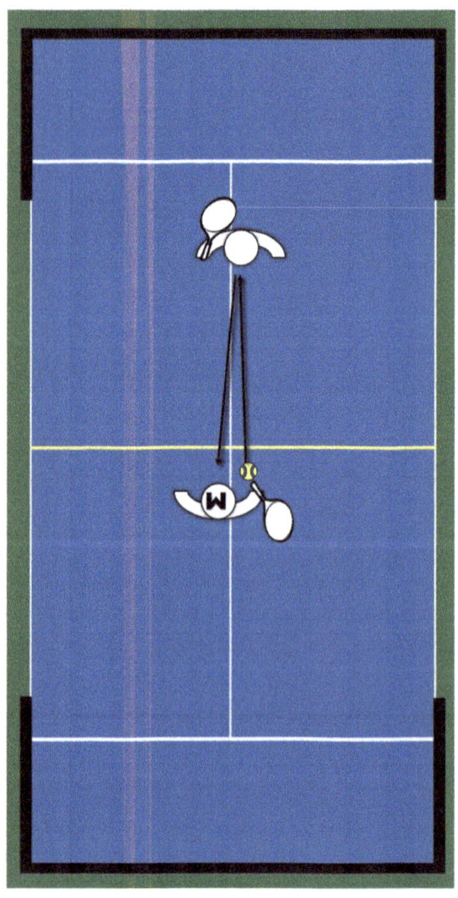

Tarea Nº 83	Objetivo	Mejora del golpeo de volea
	Jugadores	1+M

Explicación

El monitor cerca de la red y el jugador en el medio de la pista. El monitor golpeará en paralelo y el jugador tendrá que golpear de volea más cerca si el monitor se aleja o más lejos si el monitor se queda cerca.

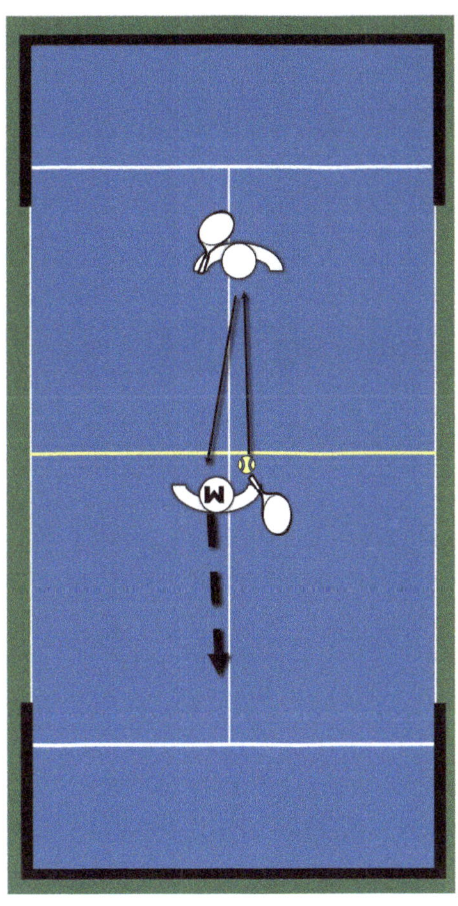

Tarea Nº 84	Objetivo	Mejora del golpeo de volea
	Jugadores	1+M

Explicación

El monitor y el jugador cerca de la red. El monitor golpeará en paralelo y el jugador tendrá que golpear de volea al lado al que se dirija el monitor.

Tarea Nº 85	Objetivo	Mejora del golpeo de volea
	Jugadores	1+M

Explicación

El monitor y el jugador cerca de la red. El monitor golpeará en paralelo y el jugador tendrá que golpear de volea al lado contrario al que se dirija el monitor.

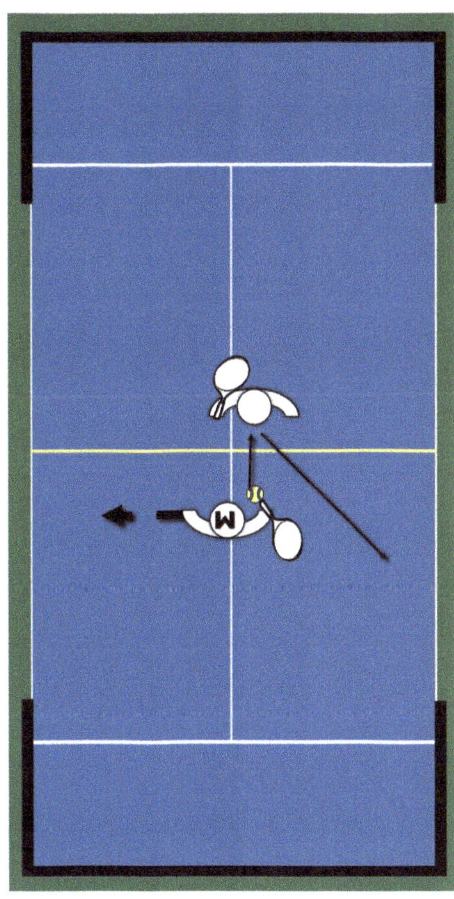

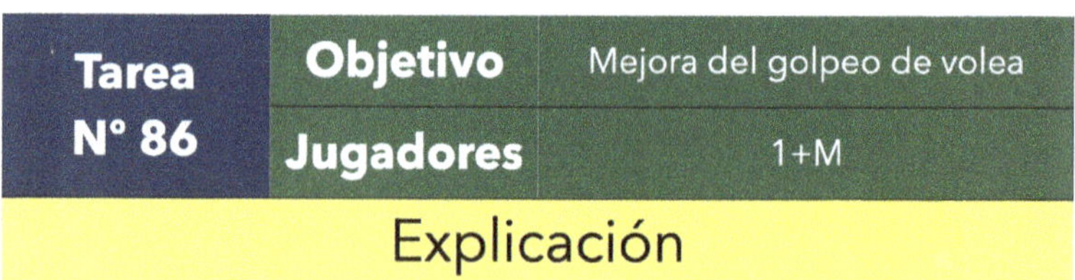

Tarea Nº 86	Objetivo	Mejora del golpeo de volea
	Jugadores	1+M

Explicación

El monitor y el jugador cerca de la red. El monitor golpeará en paralelo y el jugador tendrá que golpear de volea más cerca o más lejos de la red según si el monitor se queda quieto o se aleja de la red

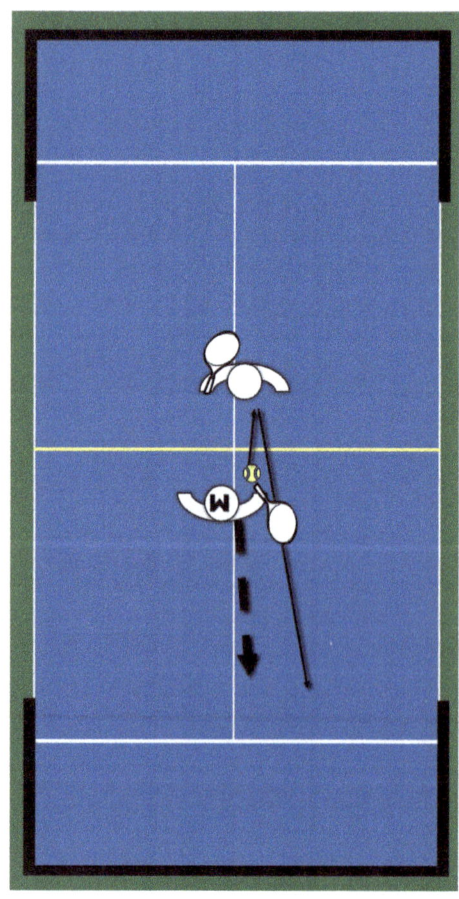

Tarea Nº 87	Objetivo	Mejora del golpeo de volea
	Jugadores	1+M

Explicación

El monitor y el jugador cerca de la red. El monitor golpeará en paralelo y el jugador tendrá que golpear de volea más cerca si el monitor se aleja o más lejos si el monitor se queda cerca.

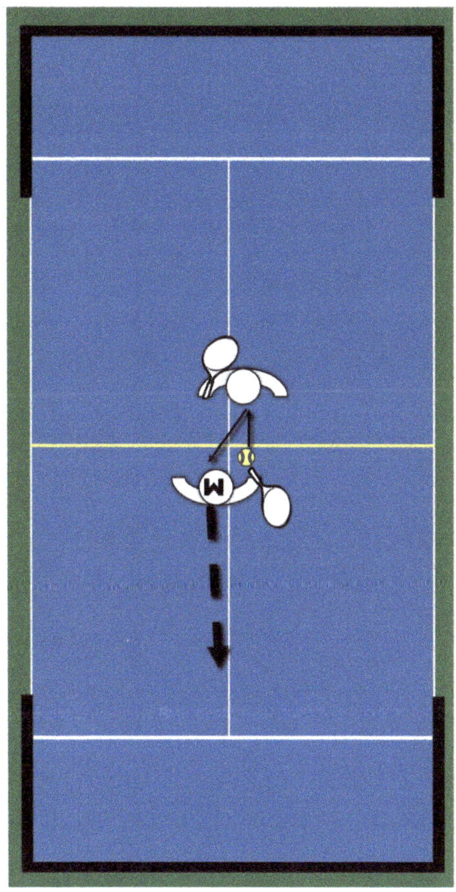

Tarea Nº 88	Objetivo	Mejora del golpeo de volea
	Jugadores	1+M

Explicación

El monitor y el jugador en el medio de la pista. El monitor golpeará y el jugador tendrá que ir a golpear de volea al lado al que se dirija el monitor.

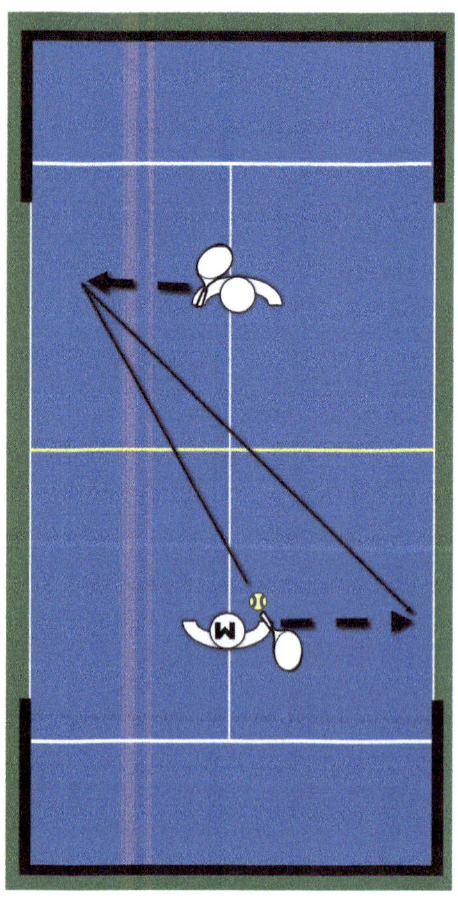

Tarea Nº 89	Objetivo	Mejora del golpeo de volea
	Jugadores	1+M

Explicación

El monitor y el jugador desde el medio de la pista. El monitor golpeará y el jugador tendrá que ir a golpear de volea al lado contrario al que se dirija el monitor.

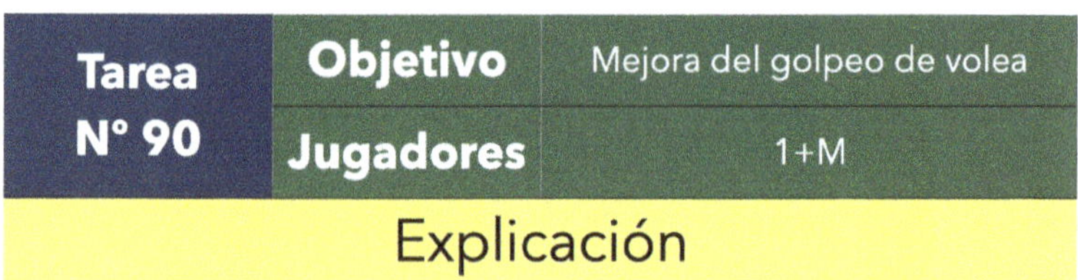

Tarea Nº 90	Objetivo	Mejora del golpeo de volea
	Jugadores	1+M

Explicación

El monitor y el jugador en el medio de la pista. El monitor golpeará y el jugador tendrá que ir a golpear de volea más cerca o más lejos de la red según si el monitor se acerca o se aleja.

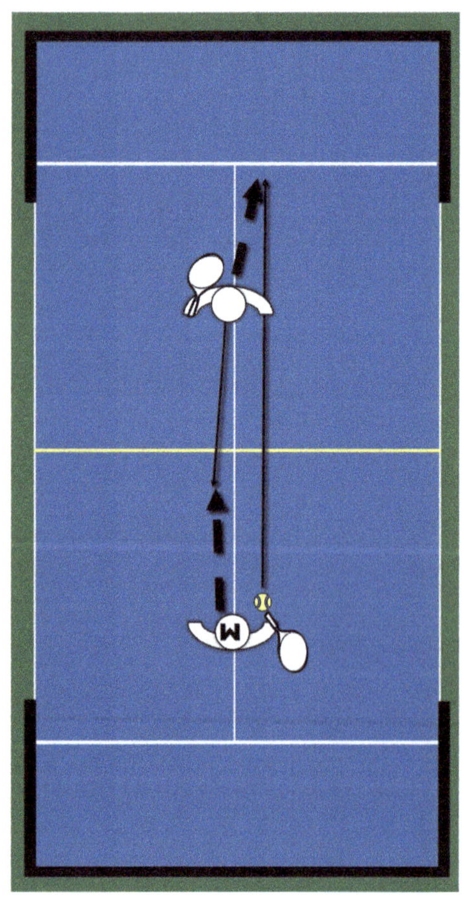

Tarea Nº 91	Objetivo	Mejora del golpeo de volea
	Jugadores	1+M

Explicación

El monitor y el jugador en el medio de la pista. El monitor golpeará y el jugador tendrá que ir a golpear de volea más cerca o más lejos de la red según lo contrario que haga el monitor.

Tarea Nº 92	Objetivo	Mejora del golpeo de volea
	Jugadores	1+M

Explicación

El monitor cerca de la red y el jugador en el medio de la pista. El monitor golpeará y el jugador tendrá que ir a golpear de volea al lado al que se dirija el monitor.

Tarea Nº 93	Objetivo	Mejora del golpeo de volea
	Jugadores	1+M

Explicación

El monitor cerca de la red y el jugador en el medio de la pista. El monitor golpeará y el jugador tendrá que ir a golpear de volea al lado contrario al que se dirija el monitor.

Tarea Nº 94	Objetivo	Mejora del golpeo de volea
	Jugadores	1+M

Explicación

El monitor cerca de la red y el jugador en el medio de la pista. El monitor golpeará y el jugador tendrá que ir a golpear de volea más cerca o más lejos de la red según si el monitor se queda quieto o se aleja de la red.

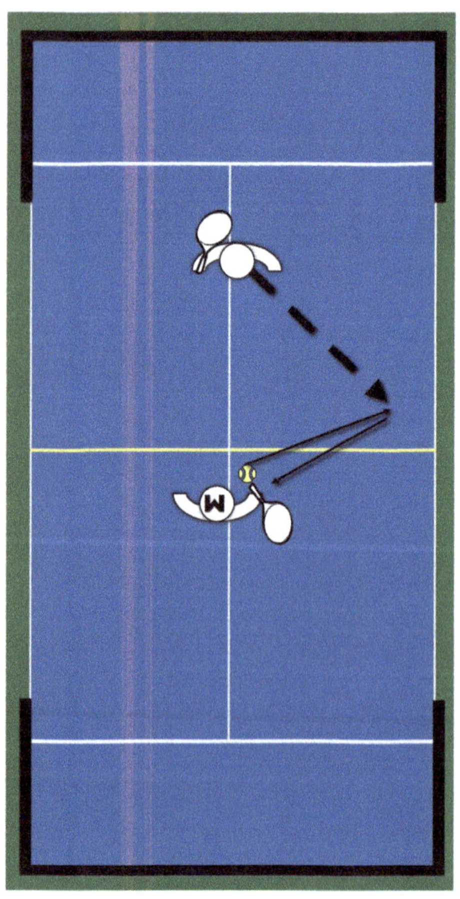

Tarea Nº 95	Objetivo	Mejora del golpeo de volea
	Jugadores	1+M

Explicación

El monitor cerca de la red y el jugador en el medio de la pista. El monitor golpeará y el jugador tendrá que ir a golpear de volea más cerca si el monitor se aleja o más lejos si el monitor se queda cerca.

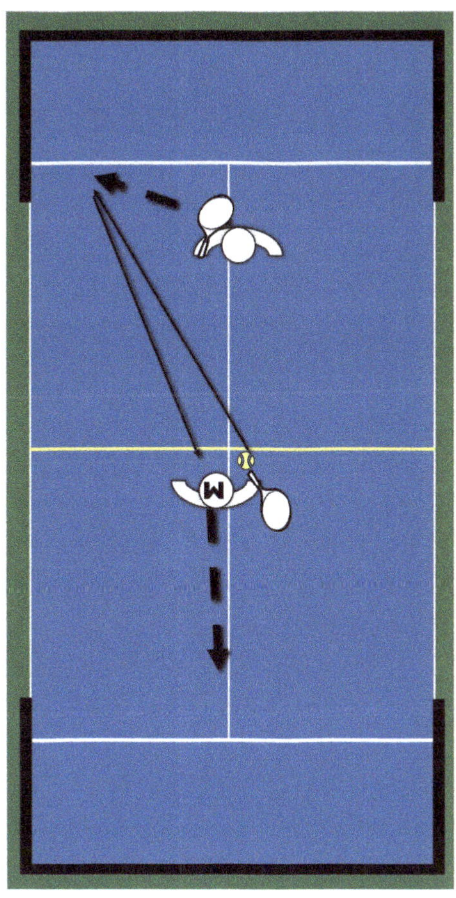

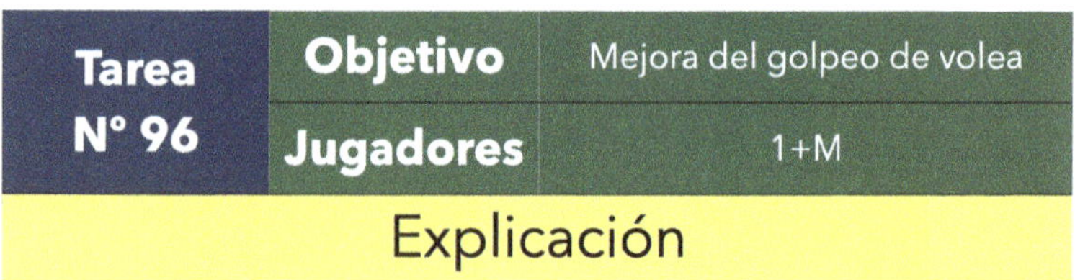

Tarea Nº 96	Objetivo	Mejora del golpeo de volea
	Jugadores	1+M
Explicación		

El monitor cerca de la red y el jugador pegado a su pared lateral derecha. El monitor golpeará hacia el jugador y el jugador tendrá que golpear de volea lejos de donde se dirija el monitor.

Tarea Nº 97	Objetivo	Mejora del golpeo de volea
	Jugadores	1+M

Explicación

El monitor cerca de la red y el jugador pegado a su pared lateral izquierda. El monitor golpeará hacia el jugador y el jugador tendrá que golpear de volea al lado contrario al que se dirija el monitor.

Tarea Nº 98	Objetivo	Mejora del golpeo de volea
	Jugadores	1+M

Explicación

El monitor cerca de la red y el jugador pegado a su pared lateral izquierda. El monitor golpeará y el jugador tendrá que ir a golpear de volea al lado contrario al que se dirija el monitor.

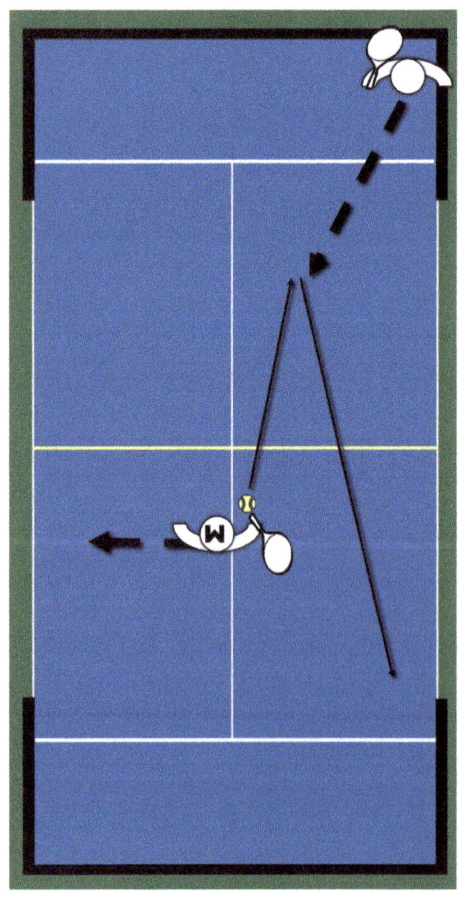

<table>
<tr><td rowspan="2">Tarea Nº 99</td><td>Objetivo</td><td>Mejora del golpeo de volea</td></tr>
<tr><td>Jugadores</td><td>1+M</td></tr>
<tr><td colspan="3">Explicación</td></tr>
</table>

El monitor cerca de la red y el jugador pegado a su pared lateral izquierda. El monitor golpeará y el jugador tendrá que ir a golpear de volea al lado al que se dirija el monitor.

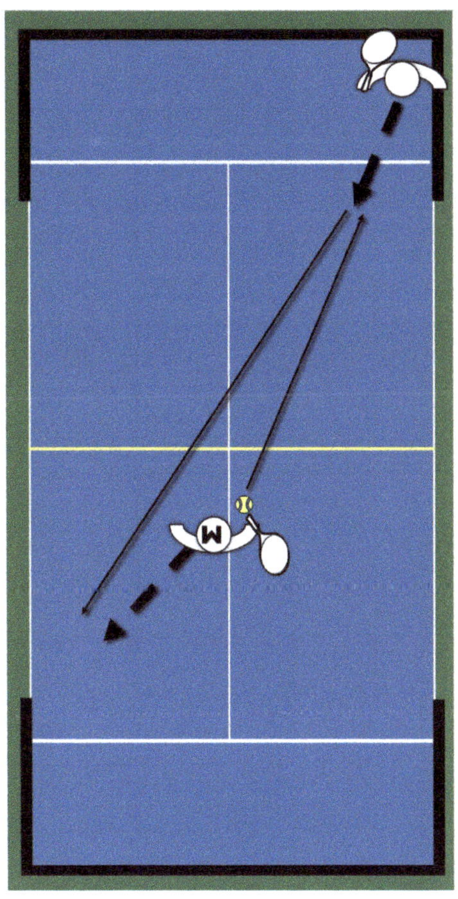

Tarea Nº 100	Objetivo	Mejora del golpeo de volea
	Jugadores	1+M

Explicación

El monitor cerca de la red y el jugador pegado a su pared lateral derecha. El monitor golpeará hacia el jugador y el jugador tendrá que golpear de volea al lado al que se dirija el monitor.

BIBLIOGRAFÍA

- Alarcón, F.; Cárdenas, D.; Clemente, V.; Collado, J. A. (Coord.); Guillén, J. C.; Jiménez, M.; Lázaro J.; Mercadé, O.; Ardoy, D. N.; Rivilla, I. y Sánchez, M. (2018): *Neurociencia, deporte y educación.* Editorial Wanceulen.
- Ballarini, F. (2016): *REC: ¿Por qué recordamos lo que recordamos y olvidamos lo que olvidamos?* Editorial Debate.
- Bargh, J. (2018): *¿Por qué hacemos lo que hacemos?: el poder del inconsciente.* Editorial Ediciones B.
- Caballero, M. (2017): *Neuroeducación de profesores y para profesores: De profesor a maestro de cabecera.* Editorial Ediciones Pirámide.
- Courel Ibáñez, J.; Sánchez-Alcaraz, B.J.; Cañas, J. (2016). *Innovación e investigación en Pádel.* Editorial Wanceulen.
- Courel Ibáñez, J.; Sánchez-Alcaraz, B.J.; Cañas, J. (2016*). Innovación e investigación en Pádel.* Editorial Wanceulen.
- Courel Ibáñez, J.; Sánchez-Alcaraz, B.J.; Cañas, J. (2017). *Nuevos avances en investigación en Pádel.* Editorial Wanceulen.
- Crespo García, Manuel J. (2019): *Neurociencia aplicada al fútbol. Propuesta práctica.* Editorial Wanceulen.
- Dorochenko, P.; Navarro, S.; Moya Mata, I.; Pérez González, D.; Muñoz Fortuñ, J.M.; Pérez Bonías, M. (2017). *Coordinación y equilibrio en Pádel*. Editorial Wanceulen.
- Espar, Xesco (2010): *Jugar con el corazón: La excelencia no es suficiente.* Plataforma Editorial.
- Fradua, Luis (1997): *La visión periférica del futbolista.* Editorial Paidotribo.
- Garganta, J. y Pinto, J. en Graça, A. y Oliveira, J. (1997): *La enseñanza de los juegos Deportivos.* Editorial Paidotribo.
- Grupo IAFIDES (2020): *Neurociencia aplicada al pádel. Propuesta práctica.* Editorial Wanceulen.
- Jackson, Phil (2014): *Once anillos.* Editorial Roca.

- Jozami, Silvina (2019): *Potenciando tu mente deportiva. Neurociencia simple para transforma el rendimiento deportivo.* Editorial Caligrama.
- Marí, Pep (2011): *Aprender de los campeones.* Plataforma Editorial.
- Marí, Pep (2019): *Equipos campeones: Como convertir un buen equipo en uno mucho mejor*. Editorial Plataforma Impresa.
- Mora, F. (2014): *¿Cómo funciona el cerebro?* Alianza editorial.
- Mora, F. (2017): *Neuroeducación: sólo se puede aprender de aquello que se ama.* Alianza editorial.
- Moyano Vázquez, Juanjo (2010). *1001 ejercicios y juegos de Pádel.* Editorial Wanceulen
- Moyano Vázquez, Juanjo (2016). *Pádel. Sus golpes, entrenamiento y más*. Editorial Wanceulen.
- Moyano Vázquez, Juanjo (2018). *Entrenamiento de Pádel. 1001 nuevos ejercicios.* Editorial Wanceulen.
- Moyano Vázquez, Juanjo (2019). *160 juegos y ejercicios de Pádel para niños*. Editorial Wanceulen.
- Navarro Valdivieso, F.; González Ravé, J. M. y Pablos Abella, C. (2014): *Entrenamiento Deportivo. Teoría y Práctica.* Editorial Médica Panamericana.
- Pérez, Marcial (2019): *Mente Deportiva: Entrenar el cerebro para extender los límites del rendimiento.* Autoría Editorial.
- Revuelta Candón, Amalia (2016): *El cerebro decide.* Editorial Fútbol Táctico.
- Tamorri, Stéfano (2004): *Neurociencias y deporte. Psicología deportiva. Procesos mentales del atleta*. Editorial Paidotribo.

www.ingramcontent.com/pod-product-compliance
Ingram Content Group UK Ltd.
Pitfield, Milton Keynes, MK11 3LW, UK
UKHW021827270726
14058UKWH00001B/28
9 788418 831317